守護霊団が導く
日本の夜明け

予言者が伝える この銀河を動かすもの

保江邦夫　　麻布の茶坊主

明窓出版

守護霊団が導く日本の夜明け

予言者が伝える　この銀河を動かすもの

パート1　守護霊は知っている

パート2　寿命とはなにか

長ーいまえがき

保江邦夫

奇跡に導かれた茶坊主さんとの邂逅

僕が茶坊主さんの存在を最初に知ったのは、以前に勤務していた岡山のノートルダム清心女子大学で、音楽を教える若い女性の同僚から話を聞いたときのことです。彼女は、岡山大学の大学院を修了して、助手か、講師をしていました。

女子大の場合、年配者が雇用されることが多いのですが、若くてきれいな女性でした。女子大生も、年齢が近い先生なら緊張せずに教われるだろうということで、すぐに採用されたようです。

その後、この女性は結婚して、旦那さんが働く神戸に新居を構えました。神戸〜岡山だったら、新幹線で片道30分程度の通勤圏です。

ある日のこと、「いま、ちょっと困っています」と彼女に相談を持ちかけられました。きっと、家庭と仕事がうまく両立できなくて悩んでいるのだろうとピンときたので、

「だからね、結婚はやめておけっていっただろう」と、僕は心配していたことが口をついて出てしまいました。

ただ、相談内容は僕の予想と少し違っていました。

彼女の専門の音楽について、王道のパターンであれば、音楽大学、芸術大学、あるいはそうした専門の大学ではなくても、芸術系学部で教えるのが本来あるべき姿であり、「私もそういう学校で教えたい」と、本人もかねがね希望していました。岡山の片田舎にあるカトリック系女子大で音楽を教えるなんて、メインストリームから外れるわけですから。

幸運なことにそこへ、東京の某音楽大学から「ぜひ、うちの大学へ」と採用の話が舞い込みました。私立大学なので学部長面接、学長面接、さらに教授会の中に構成された選考委員会といくつかの関門をくぐり抜けて、トントン拍子に採用が決定しました。

そこで次年度の4月1日からその音楽大学で教鞭を執ることになっていたのですが、僕がその相談を受けたのは、3月初頭のことで、次の年度まであと1ヶ月しかありませんでした。

次年度の授業計画とかシラバス（＊講義要項）を学生に配るため、その時期といえば大学では関連する全ての印刷が終わっている頃です。

実は、彼女はご主人に、東京の音楽大学に採用されたことを告げていませんでした。岡山ならば新幹線で通勤できるけれど、東京～神戸の新幹線通勤にはかなり無理があります。

そうなると、夫婦は神戸と東京で別居するしかありません。１週間のうち５日間は東京で仕事して、週末だけ神戸に帰るという選択肢もあったでしょうが、彼女はそれを旦那さんにいい出せなかったのです。

そんな状況がずるずると続くうちに、あと１ヶ月で新年度になるというところで不安になったのでしょう。相談を受けた僕は、これという打開策も浮かばずに、

「それは自己責任だね。後先を考えずに結婚するのが悪い」などと、突き放すようなことをいいました。

するとその翌週、彼女の表情が見違えるほど明るくなっていたのです。「旦那さんが東京行きをＯＫしてくれたのかな？」と思いきや、そうではありませんでした。

聞けば、親しい女性の友達に相談したところ、

「いい予言者がいるから訪ねてごらん」と麻布の茶坊主さんを紹介されたそうです。

そこで彼女はさっそく、東京へ向かいました。

当時から電話相談も可能でしたが、「とにかく直接会って、悩みを訴えよう」と新幹線に飛び乗ったというわけです。

遠路はるばるやって来た彼女の悩みを聞いた麻布の茶坊主さんは、ケラケラ笑い出しました。笑われた彼女は、「なに、この不謹慎な人は。私がこんなに悩んでいるのに……」とムッとしたそうです。

でも、麻布の茶坊主さんはなんと、

「大丈夫です。何の心配もいりません。採用の話はご破算になりますから。ご主人にいう必要もないし、別居する必要もありません」と断言したそうです。

当然ながら、そんな予言を信じられるわけがありません。

「この人、大学のシステムを知らないから思いつきでいっただけだわ。あと3週間で新年度が始まるから、授業計画も決まり学生に配るいろんな資料も全て印刷済み。この期に及んで教員の名前を消すなんてあり得ない。いまさら白紙に戻すなんて……」と、腹が立ってきました。

それで彼女は、「この人のどこが予言者なの。新幹線にまで乗って損した」と、プンプンしながら岡山へ帰ってきました。

その翌日くらいに、大学の彼女の研究室に、東京の音楽大学の事務長から、「新年度からよろしくお願いします」と電話がかかってきました。

私立大学では、4教科以上を担当しないと文科省の補助金が出ないので、少なくとも4科目を受け持つことが通常です。事務長は、その4科目の要望を出してきました。

「4科目のうちの1科目を、別の科目に変えていただけませんか?」というのです。

「どんな科目ですか?」と彼女が聞くと、

「キリスト教音楽を担当していただきたいのです」と。

僕だったら、「喜んで!」と引き受けるのに、彼女は違いました。

「いまの勤め先がたまたまカトリック系大学なので誤解があるのかと思いますが、私は大学院まではずっと国立大学で、キリスト教音楽に関する知識は全くありません。その私がキリスト教音楽を講義するなんて、とても無理です。当初の予定どおりでお願いします」と、拒否してしまったのです。

その途端、事務長は「それでは、誠に残念ですが今回の話はなかったことに」といいました。こんなことは前代未聞です！

しかし、彼女は意外に冷静でした。

「茶坊主さんの予言が当たった！」と、心の奥底でほっとしたのです。旦那さんに告げる前の出来事でしたし、何の騒ぎにもならなくてすんだと安堵したのでしょう。

とはいえ、新年度の間際に教員人事を変更するなどということは、大学ではあり得ません。そのために学生便覧を修正して刷り直すか、訂正表を作らなくてはならないし、代わりの人材を探さなければなりません。それはもう、後始末が大変なのです。

その話を聞いた僕も、「予言どおりになった？　すごいね！」と驚き、ひょっとしてその予言者は本物かもしれないと思ったのです。

「ちなみに、見料はいくら払ったの？」と聞くと、

「これだけです」と、彼女は指を2本立てました。

「2万円？」

「いいえ、２０００円です」

僕は「えっ！」と再び驚きました。


いまから20年ぐらい前の話ですが、当時の僕は、霊能力者と呼ばれる人たちが本物か否かを図る目安として、見料をその一つとしていたのです。

３０００円以下は本物で、３０００円を超える見料を請求する人はペテン師だと決めつけていました。それにしても、２０００円とはずいぶん安い。

その予言者を紹介してくれた彼女の友達も、普通ではあり得ないことを予言されてそのとおりになったそうです。それがまた、奇想天外な話でした。


その友達も既婚者で、伴侶も非常に性格の良い方で、幸せな家庭を築いていたそうです。

ところが、その人は別の男性と関係していたのです。どちらも非常にいい男性で、彼女はど

ちらも選択できず板挟み状態になり、このまま秘密の関係を続けていくのは、人の道に外れる行為だと思うようになりました。

それで、第三者に相談するしかないと感じ始めたのです。

そんなときにたまたま耳にしたのが、麻布の茶坊主さんの評判でした。

相談された茶坊主さんは即座に、「すぐに離婚してください」と勧めたそうです。

「急に離婚話を切り出しても、そんな簡単に応じてくれるわけがありません。夫にショックを与えることになるし、かわいそうです」というと、

「大丈夫。今日、帰りがけに区役所で離婚届の用紙をもらってください。そして、今晩にでも旦那さんに『これに名前を書いて、ハンコを押してください』といえば、喜んで応じてくれます」という、とんでもない予言が飛び出しました。

驚愕の予言は、まだ続きます。

「今日、無事に離婚が成立したら、あなたは半年後にもう一人の男性と結婚します。2度目の結婚生活も、とてもうまくいきますよ。いままでの旦那さんとは、これまで以上に親し

くなります。あなたの終生の友として、新しい旦那さんよりも、もっと親身にあなたに寄り添ってくれる存在になります。さらに、二人の男性同士、あなたを押しのけるように親友になりますよ」

こんなことって、あり得ないでしょう？

その女性は、「アホな。そんなことになるわけがない」と思ったそうですが当然です。でも、いわれたとおりに近くの区役所で離婚届をもらって帰りました。

その日、帰宅した彼女は、

「あなたにはずっと黙っていたけれど、お付き合いしている人がいます。このままの状態じゃ、申し訳ないので……」とご主人に打ち明け、恐る恐る離婚届を差し出したのです。

すると、

「そうか、わかったよ」と、旦那さんはその場で署名・捺印してくれたばかりでなく、

「いい人と出会えてよかったね」と祝福までしてくれたというのです。

すっかり拍子抜けした彼女は、「こんなに物わかりのいい夫が、この世界にいるのかしら？」とまるで他人事のように感心したそうです。

挙げ句の果てには、秘密の関係にあった男性をご主人に紹介し、ときどき三人で会うようになりました。最初は三人で食事をしていたそうですが、彼女が仕事の都合で留守の晩は、男性二人が一緒に酒を酌み交わし和気あいあい。

茶坊主さんの予言が、大的中したのです。

本物の預言者

この一件以来、彼女は悩みを抱える友達を見れば茶坊主さんを紹介してきました。そのうちの一人が、先述した音楽の先生だったのです。

そこで、僕も俄然興味を惹かれて麻布の茶坊主さんに会いにいくことにしたのです。

特に相談したいことがあるわけでもなく、ただどんな人物なのかを確かめたかったのでした。

ホームページで予約を取り、初めて茶坊主さんにお目にかかったときには、正直、「ひぇえ〜！」という感じでした。なにせ、坊主頭で身長も高く、当時は新型コロナのずっと前だったのにマスクを着けていて、一風変わった人だなと思いました。

事前に、レコーダーを持ってきてくださいといわれていました。僕は記憶力がいいほうだし、必要ないと思ったのですが、いわれたとおりにしてご挨拶後にすぐにレコーダーを回し始めると、

「さあ、何なりと。どんなご相談ですか?」といわれました。

「実は、僕には何も困っていることもありませんし、相談の必要もないのです。ただ、知り合いが『ものすごくよく当たる予言者です』というもので、大変興味があってただお会いしたいと思っただけなのです。スミマセン」と正直に伝えた僕に、

「そうでしたか。まあ、ざっと見ましょう」と、その場で僕の全身をパッと見てくださいました。

「以前、大病で手術されましたね」と、いきなり真実を突かれたのには度肝を抜かれました。

「よくおわかりですね。実は、お腹を切りました」

「普通の人間が開腹手術で体にメスを入れて縫合した場合、その部分の体のオーラに歪み

が残ります。ところが、あなたの場合は体に傷はあるけれど、本来発生するオーラの歪みが残っておらず、とてもきれいに見えます。

こういう現象が起きるということは、あなたの治療に携わったスタッフの中に、天使がいたはずなのですね……」


既著にも綴《つづ》ってきましたが、手術中の僕が看護師さんの姿をした天使にずっと勇気づけられていたのは事実です。茶坊主さんは、それを見事に見破ったのですね。

もうそれだけで十分。この人は正真正銘の本物だと大いに納得できました。そこで、

「ありがとうございます。他には何もありません」と告げると、

「いや、まだ時間はたっぷりありますよ」と茶坊主さん。

「それではお言葉に甘えて、一つだけ。実はいま、なんとなく引っかかっていることがあるのです」と、僕は心にしまっていたことを語り始めました。


僕が50歳を少し過ぎた頃の出来事です。

当時、算命学という中国の四柱推命みたいな学問を専門とする、偉い先生に観てもらった

ことがありました。算命学では寿命もわかるそうで、先生がこういったのです。

「いわぬが花・知らぬが仏というでしょう。たとえうんと先のことでも、何年何月何日に死ぬなんてわかったら、人はやっていられなくなります。知らないほうがあなたのためですよ」

でも僕は知ってみたくなったので、

「いや、僕はそんなヤワな男じゃありません。寿命を知っても平気です」といいました。

「そうですか……、あなたは62歳まで生きられます」

「えっ、あと10年ちょっと……」

「聞かなきゃよかった」と僕の心は千々に乱れました。それを、麻布の茶坊主さんに話したのです。

「実は昔、算命学の先生に『あなたは62歳で死ぬ』といわれまして……」

「それでは、あなたの御臨終の状況を見てみましょう」

茶坊主さんは、すぐに高笑いされました。

「大丈夫。大いに長生きされますよ。92歳か93歳くらいでしょう。しかも、理想的な死に方ですよ」

「死に方までわかるのですか？」

「もちろんわかりますよ。知りたいですか？」

「ぜひ教えてください」


僕は名前と生年月日しか伝えていません。茶坊主さんは僕が何者かも知らないはずなのに、92か93の頃にと予言するわけです。

さらに驚いたことには、歳をとってから僕は各地の道場で教えて回るとも指摘されました。

当時、僕の道場はまだ岡山にしかありませんでした。でも晩年には、僕の流派の道場が世界中に広がるというわけです。

最期は、どこかの道場で教える日に迎えるであろうと。午前中に指導したあと、昼ご飯をそこの道場長と一緒に食べ、午後の稽古が始まると、

「少し眠いので、僕は昼寝するからお前が稽古をつけてくれ」と道場長に託し、僕は若い女性の膝枕に頭を預けたまま息絶えるという。

僕の理想とする「腹上死」に、あともう一歩の「膝上死」です。惜しい（笑）。
それにしても、62歳で死ぬのと92歳で死ぬのでは30年の大違い。
僕はすごく嬉しい気分で、茶坊主さんに深々と頭を下げて帰りました。

茶坊主さんとの衝撃的な出会い以来、僕は会う人みんなに、「麻布にすごい予言者がいるよ」と触れまわってきたのです。
その後、僕の不思議な体験をもとに本を何冊か書くことになりましたが、いつかは麻布の茶坊主さんを紹介したいと思っていました。

そのうちに、僕は東京でも道場を開いて教えることになり、岡山から月に一度、上京するようになったのです。門人の中にも、茶坊主さんのワークショップや勉強会に参加している女性がいるのですが、その人経由で1、2年に1回くらい、茶坊主さんからメッセージを頂くようになりました。

赤穂浪士のご縁に導かれた？　白金の最高のペントハウス

例えば、10年以上前の、まだ岡山にいた頃です。

皇居と東京タワーをつなぐ中国の陰陽のマークのような気の流れがあるのですが、そこについて、「陰陽のバランスが壊れかけている。安定させるためには、東京タワーの近くに誰かが行かなくてはいけない」とのお言葉が茶坊主さんから届きました。

けれども僕は、「へえ、そうなの……」と思ったくらいで、お返事もしなかったのです。

すると今度は、「あなたは近々、品川駅と六本木の中間地点にお住まいになります」との伝言が。

本家の跡取り息子である僕には、岡山に古い家があるし仕事もあります。武術指導で東京に出るのは月に一度だけ。ホテルに1、2泊すれば済むことです。

ですから、東京に住むなんていう発想は全くありませんでした。

「だいたい、六本木と品川の中間地点って、いったいどのへん？」とネットで調べると、港区でした。東京の中では、家賃がいちばん高いところなのです。

「すごい予言者だと思っていたけれど、当たらないこともあるんだろうな……」と一人でうなずきました。

それから2ヶ月ほど経った頃です。東京道場の門人の話に、僕はなんとなく耳を傾けていました。

「最近、うちのマンションの角部屋が空いちゃったのよ」

なんでも、そのマンションは地元の不動産屋の間では、伝説の物件として有名なのだそうです。当時ですでに築30年以上だった古い建物ですが、そこに住むとなぜか、金運に恵まれ運勢が右肩上がりに良くなるというのです。

「めったに空かないはずの、その角部屋が空いたのでびっくりしたわ」

すると、他の門人たちが興味を抱き、「面白そうな物件だから、稽古が終わったら見に行こう」という話になりました。

僕もその日は東京のホテル泊まりだったので、「飲みに行くついでに見てやるか」と同行しました。

それが、いまでは僕が事務所として借りている所の真下にある部屋だったのです。すでに、大家さんが鍵を開けておいてくれた部屋の中をのぞくと、家具も電化製品もそろっています。

「なんだ、もう入居者が決まっているのか……」という声が上がりましたが、不動産屋さんによると、古い物件はなかなか借り手がつかないため、家具・電化製品付きの賃貸にしたとか。

実はその頃、月に1回東京の道場で教える以外に、本の編集者と会う機会も増えつつありました。平均すると月に5日から1週間はホテル住まいだったのですが、ご存じのように東京のホテルは高い。ホテルに1週間滞在する費用を考えると、その伝説のマンションの家賃とあまり変わらないなと思えてきました。

そこで、大家さんに連絡をして、「あの部屋、借り手が付きましたか？」と聞くと、

「まだです」とのお返事。

「僕が借ります！」

思わず口走ってしまいました。

そのマンションに住む門人に、

「ここって、ひょっとして品川と六本木の間？」と聞くと、

「そのど真ん中ですよ」と。

「あっ、予言がまた当たった！」と驚いた瞬間でした。

さっそく引っ越しをして少し落ち着くと、すぐに茶坊主さんを訪ねました。

六本木ヒルズの近くの、茶坊主さんもよくご存じのフレンチレストランで会食したのです。

「予言が当たって、いま白金に部屋を借りているのです」というと、茶坊主さんは、

「ああ、あの辺りですね」としたり顔。

茶坊主さんも昔、ご近所に住んでいたそうで、

「近くの焼き鳥屋さん、私はあそこの常連でしたよ」とまで。

そのとき、また別の予言を頂きました。

「いまのお住まいはまだまだ途中です。最後に住むのはその近くのペントハウスですよ」

港区のペントハウスなんて、僕の手が届くような物件であるはずがありません。その予言はさすがに……と思ったのですが、「ペントハウスです」の一点張りでした。その後も、ずっとペントハウスが気になっていました。すぐ近所の、大きなタワーマンションの建設中にも、「もしかしたら、あそこのペントハウスに住めるのかな」と期待していたのですが、当然のごとく、そんな流れは生まれませんでした。2億円もするペントハウスですから！

ところが、ペントハウスを手に入れる日がついに到来したのです。

2023年4月18日の朝に目が覚めたとき、「今日は、お墓を買いに行こう」と、なぜか突如として思い立ちました。

保江家のお墓は、奈良時代から平安時代に活躍して桓武天皇の信任が厚かった和気清麻呂《わけのきよまろ》の生地である、岡山県和気町の古いお寺の墓地にあります。

永代供養で塀に囲まれた堂々たる墓所なのですが、山の奥深くにあり、たどり着くまでが面倒な場所です。いまでも毒蛇やイノシシが出没するような場所で、将来、僕がそこに入ったとしても、東京に暮らす娘二人は絶対に来てくれないと思われました。

それで、「東京にお墓があればいいな」と常々思っていたのです。


この話の前段として、次のような逸話がありました。

港区白金に居を構えて、すぐの頃のことです。

僕の寓居《ぐうきょ》近くに、福島県の相馬市から来たおばあちゃんが経営する、小さな居酒屋があります。初めて店内に入ったときには、店主の気さくなお人柄や家庭的な佇《たたず》まいに好印象を受けました。


カウンターの向こうのおばあちゃん相手に飲みながら、身の上話を聞きました。

おばあちゃんのご主人は、僕が初めて店を訪れる半年前に、交通事故で亡くなったそうです。事故現場は、店の目と鼻の先でした。

ご主人を荼毘《だび》に付して、お店とつながっている自宅の仏壇に、しばらくは御骨を安置していたそうです。

ある日、ご近所の人が、

「あなたのご主人が車にはねられた場所で、お坊さんが手を合わせているよ」と知らせてくれました。不思議に思って現場へ行ってみると、一人の僧侶が道端に佇んで合掌していたそうです。

「ここに成仏されていない仏様が迷っておいでしたので、いまお手伝いをさせていただいたところです」

僧侶が、そうおばあちゃんに告げました。

「誠にありがとうございます。実はこの場所で主人が車にはねられて亡くなりました」

「やはりそうでしたか。でももう大丈夫です。無事に成仏されましたので、ご安心ください」

相馬から上京したおばあちゃんに、付き合いのあるお寺が近くにあるはずもなかったので、

「これも何かの御縁だと思います。実は、主人の御骨はうちの仏壇に置いたままなのですが、お坊様のお寺で供養していただけませんでしょうか」と相談してみると、

「どうぞ、どうぞ」と、僧侶はすぐ近くのお寺に案内してくれました。

立派な墓所があるお寺で、石屋さんも紹介してくれたそうです。

しかし、ここは東京の中心地。お墓も値が張るに違いない。

とはいえ、事故の加害者側の保険で、おばあちゃんには相当のお金が入ることになっていました。それで、住まいの近くにお墓ができればと考えていたところだったそうです。

僕は、杯を傾けながら、

「へえ〜、そんなことがあったの……」とおばあちゃんの話に聞き入っていました。

「でも、この辺りのお墓というのは、新築ワンルームマンションぐらいの値段はするんでしょ？」と伺ってみると、

「アタシもそう思っていたんだけど、値段を聞くと信じられないほど安かった」と。

「僕も東京にお墓があればいいなと思っているんです。そのうち、僕にもそのお寺を紹介してくださいよ」

「そこの信号を渡ってすぐのところだよ。いつでもご紹介するよ」

そして、昨年の4月18日に、お寺に足を運んだというわけです。

ちなみに4月18日というのは楠木正成《くすのきまさしげ》の記念日です。楠木正成というのは実は陰陽師で、朝鮮出兵時に刀の柄の部分に北斗七星の刻印を押していました。

かつ播磨国、いまでいう兵庫県の姫路の辺りの人で、うちももともと、そこなのです。

うちの家系は楠公さん、つまり楠木正成を大事にしているので、4月18日というのはある意味、記念日的な日なのですね。

僕が道場で門人に免状を授与するのも、4月18日か12月25日のキリストの誕生日と決めています。

そんな特別な日である4月18日、僕はアポなしでそのお寺のインターホンを鳴らしました。

「お墓の件で」と伝えると、若奥さんふうの女性が応対してくれて、しばらくすると作務衣《さむえ》姿のご住職が出迎えてくださいました。

「もし、墓所がまだ残っているようでしたら、分けていただけませんでしょうか？」

「ありますよ。どうぞご覧ください」

ご住職の案内で本堂裏の墓地に足を運ぶと、そこは小高い山のてっぺんのような場所で、青空が360度に広がっています。深緑に囲まれた清々しい墓地です。

「こんな素晴らしい墓所が東京に残っているなんて……」と感動しながら、僕は周囲のパノラマ風景を見渡していました。


そのとき、ふと思ったのです。

「麻布の茶坊主さんが予言したペントハウスって、ここのことか」と。この墓所からは六本木ヒルズをはじめ街並みが遠望できます。てっぺんにある、まさしくペントハウスです。

墓地の敷地全体はかなり広いのですが、ポツンポツンと歯が抜けたように空いた所が散見できました。

「空いている所であれば、どこでもお好きな場所をお選びください」

ご住職の言葉に従って、僕は辺りを歩き回りました。


いちばん高い場所にある自然石の墓石が、ひときわ目を引きました。高さ3メートルはありそうな、大きくて古めかしいお墓が4基ならんでいます。

その1段下の区画には、現代風の墓石が置かれています。そのうちのいちばん大きい墓石の前が空いており、僕はその一角になんとなく惹かれたのです。

「ここでもよろしいですか？」

「もちろん結構ですよ。そこはいちばん良い場所です。お目が高いですね」

「じゃあ、ここにします」

即決したものの、まだ値段を聞いていません。「ゼロが7つ以上だったらどうしよう……」と思いつつ、

「ちなみに、おいくらでしょうか？」と恐る恐る質問したところ、

「○○○円です」とご住職。

思わず、「えっ！」と叫びそうになりました。その金額は、白金の一等地では考えられない破格のお値段だったのです。

「それでは、よろしくお願いしま～す」と、僕の心は浮き立ちました。

翌日、銀行の窓口でお金を引き出し、再びお寺を訪ねました。

時間も決めていたので、ご住職と息子さんの若住職が法衣をまとい、僕を待っておられました。このとき、僕は初めて住所と氏名を明記したのです。

「実は、住民票はまだ故郷の岡山にあります。いまの仮住まいはすぐご近所ですが、どちらの住所にしましょうか」

「岡山でしたか。岡山の方が、どうしてまたこちらに？」

ご住職は少し訝《いぶか》しんだ様子です。

「岡山と申しましても、先祖は赤穂藩お抱えの陰陽師で、首領を務めていました。ところが、忠臣蔵で知られる江戸城松の廊下の刃傷沙汰で赤穂藩はお取り潰しになり、身の危険を感じた陰陽師たちは全員が藩を飛び出し、全国各地に潜伏したのです。

私の先祖は、備前藩の殿様にかくまってもらいました。命を狙う幕府の隠密の目をくらますために、『保江』の姓を賜ったのです。『保江』はその前からあった由緒ある家柄でしたが、血筋が途絶えていたのです。

以来、私の代まで保江家は３００年以上、岡山で続く家系となりました。

実は、先祖は赤穂浪士の吉良家討ち入りのお手伝いをしたらしいのです」

僕の話に、二人のご住職は顔を見合わせています。

「ではやはり、赤穂のご縁でうちに来られたんですね」と聞くご住職に、

「いやいや、僕はそこの飲み屋のおばあちゃんから聞いて、このお寺に伺ったのです」と僕は答えます。

「えっ？　それでは、この寺と赤穂浪士の縁に関しては、何もご存じないのですか？」

「そんな話は聞いたこともありません」と僕がいうと、ご住職は驚きのあまりなのか、口をつぐんでしまいました。


僕もびっくり仰天したのですが、このお寺は実は、播磨国姫路藩、つまりいまの兵庫県にある姫路城のお殿様の菩提寺《ぼだいじ》だったのです。

自然石のいちばん大きいお墓には、お姫様が眠っているそうです。参勤交代で江戸に滞在中に亡くなったとか。


赤穂藩は、播磨国の赤穂地方に置かれた藩です。

四十七士で知られる赤穂浪士は、実は48人います。歴史好きの間では、よく知られた史実です。

日本の小説や時代劇、映画では描かれたことはありませんが、48人目の志士こそ、僕の先祖である可能性の高い陰陽師なのです。

２０１３年に公開されたハリウッド映画『47RONIN』では、48人目が主役として描かれています。キアヌ・リーブスが、その主人公である陰陽師を演じていました。

48人目の赤穂浪士として活躍した陰陽師は、泉岳寺で切腹した四十七士が眠るお墓を死ぬまで守り続け、この寺に葬られたのだそうです。

ご住職のお二人が驚嘆したのも無理はありません。

「やはり、ご先祖様のお導きでこの寺に来られたのですね」


お二人は京都の有名なお寺で修行されたそうで、若住職は、僕の勤務先であったノートルダム清心女子大学の学長・理事長を務めたシスター渡辺和子の大ファンでした。

「シスターの著書『置かれた場所で咲きなさい』は、僕が出版社との間に入って実現した本ですよ」と話すと、再びびっくりしていました。

若住職ご自身のことも伺いました。

ご住職に、「もうそろそろ跡を継いでくれ」といわれ、京都から呼び戻されてもカトリック系の大学や大学院の講座に通ったそうです。シスター渡辺の著作もいろいろと読まれていました。

僕が辞去しようとすると、ご住職はおっしゃいました。

「いままで47年間、この寺で住職をやってきましたが、アポなしで突然やって来てお墓を即決で購入された方は、あなたが初めてです」

僕はこれまでに何度も即決で新車を買って後悔したことはありますが、このお墓は違います。将来の自分の居所が見つかって、本当によかったと思います。

茶坊主さんの予言どおり、「白金ペントハウス」が転がり込んできたのです。

永代供養の墓所を手に入れた者は2年以内にお墓を建てなければならないというお寺の内規があるのですが、ご住職は微笑みながらおっしゃいます。

「お見受けしたところ、あなたはまだお元気そうですので、お迎えが来るのはまだずっと先のことでしょう。思い立ったときに、どうぞゆっくりお作りください」

安住の地を手に入れただけで、こんなに気分が軽くなるものか、と思いました。

その数日後、今度は僕の武芸の恩師ともいえる大東流合気武術宗範・佐川幸義先生の墓所が、白金の寓居から徒歩10分ほどの場所にあることまで判明したのです。

まるで予見していたように駆けつけたNEXCOのハイウェイパトロール

4月18日からの1ヶ月は、本当に結構なことづくめで、命の危険から身を守ることもできました。

僕は毎月1度、前橋に「業捨《ごうしゃ》」（＊施術者が指で患者の体を擦って業《ごう》を落とす健康法）の施術を受けに出かけるのですが、通常は、愛車ミニクーパーで関越自動車道を2時間あまりで駆け抜け、到着後すぐに「業捨」をしてもらいます。

その後に行きつけの理髪店で散髪してもらい、そこにあるコミュニティの方々と晩御飯を食べて午後8時半頃に東京に向けて出発するのです。すると、日付が変わる前には家に戻れます。

帰り道、いつものように高崎インターの入口で関越道に乗ろうと、ＥＴＣゲートでスピードを落としました。時速20キロほどに減速してゲートをくぐると、急に愛車がガタガタと音を立てたのです。

「あれっ?」と思いつつそのままゆっくり直進し、本線に合流する直前で左に寄りハザードランプを点滅させて車を停めました。車から降りて点検すると、なんと、左の後ろのタイヤがパンクしていたのです。

もし、120キロのスピードで関越道を走っているときにバーストしていたら、と思うと背筋が凍りつきました。

『黎明』の著者・芦原瑞穂さんが、中央自動車道を走行中にタイヤがバーストするという事故で亡くなったことを思い出しました。僕は幸いなことに、20キロに減速していたから命拾いしたようなものです。

でも、夜9時という辺りも暗い中、自由も利かない高速道路の入口付近でタイヤがバーストするなんて初めてのことですから、僕はパニクッてしまいました。

とりあえず110番してつながったと思ったら、ちょうどそのとき、NEXCOのハイウェイパトロールのジープが僕の車の後ろにピタッと寄せて、赤ランプを点滅させながらコーンを出し始めたのです。

「どうされました？」

「タイヤがパンクしてしまいました。ここでタイヤ交換しても大丈夫でしょうか？」

僕は運良く、スペアタイヤを持っていたのです。

「交換してください。我々が安全を確保します」


NEXCOの隊員は、一人が後続車に注意を促し、もう一人は僕のほうに照明を当ててサポートしてくれました。

僕にとっては初めてのタイヤ交換でしたが、15分ぐらいで終了したのです。

岡山ナンバーだったので、てっきり岡山へ帰ると思ったのでしょう。

「長距離ですので、走行には十分に気をつけてくださいね」

隊員たちは、僕の車が本線に合流するまで見守ってくれました。本当にありがたいことでした。


「さあ、一路東京へ」とスピードを上げると、今度は携帯が鳴るのです。最初は無視していたのですが、何度も鳴るので仕方なく、パーキングに寄って電話に出ました。

「高崎警察署刑事課です。先ほど110番されたでしょう」

タイヤがパンクして110番したときにNEXCOの車が見えたので、僕は電話をすぐに切ってしまっていたのです。

高崎警察署につながっていて、何か事件性があると思われたのでしょう。拉致されたとか、あるいは口封じされたなどと考えたのかもしれません。

事情を説明すると、

「ご無事で何よりでした。でも、こちらは高崎警察署の刑事課なので、110番センターにもう1回電話して説明していただけますか」といわれ、それでもう一度、110番にかけて経緯を説明すると、

「事件ではなくてよかったです。確認できないうちは、そのまま放置できませんので。とにかく気をつけてお帰りください」と優しくいわれました。

日本の警察は、市民をしっかり守ろうとしてくれていると実感した出来事でした。110番が切れただけでも、何度も電話をかけてくれるのですから。

これもご先祖様のお導きで墓所を入手したおかげさまで、命を守っていただけたのかなと思います。

それに、「ペントハウスにお住みになりますよ」と予言してくれた麻布の茶坊主さんに感謝しなければなりません。

このように、あり得ないような出来事をことごとく予言して的中させるのが、麻布の茶坊主さんです。

この素晴らしい存在をぜひとも読者の皆さんに知っていただきたいと思い、このたび茶坊主さんとの対談が実現しました。

さあ、未知への扉を開いてみてください。

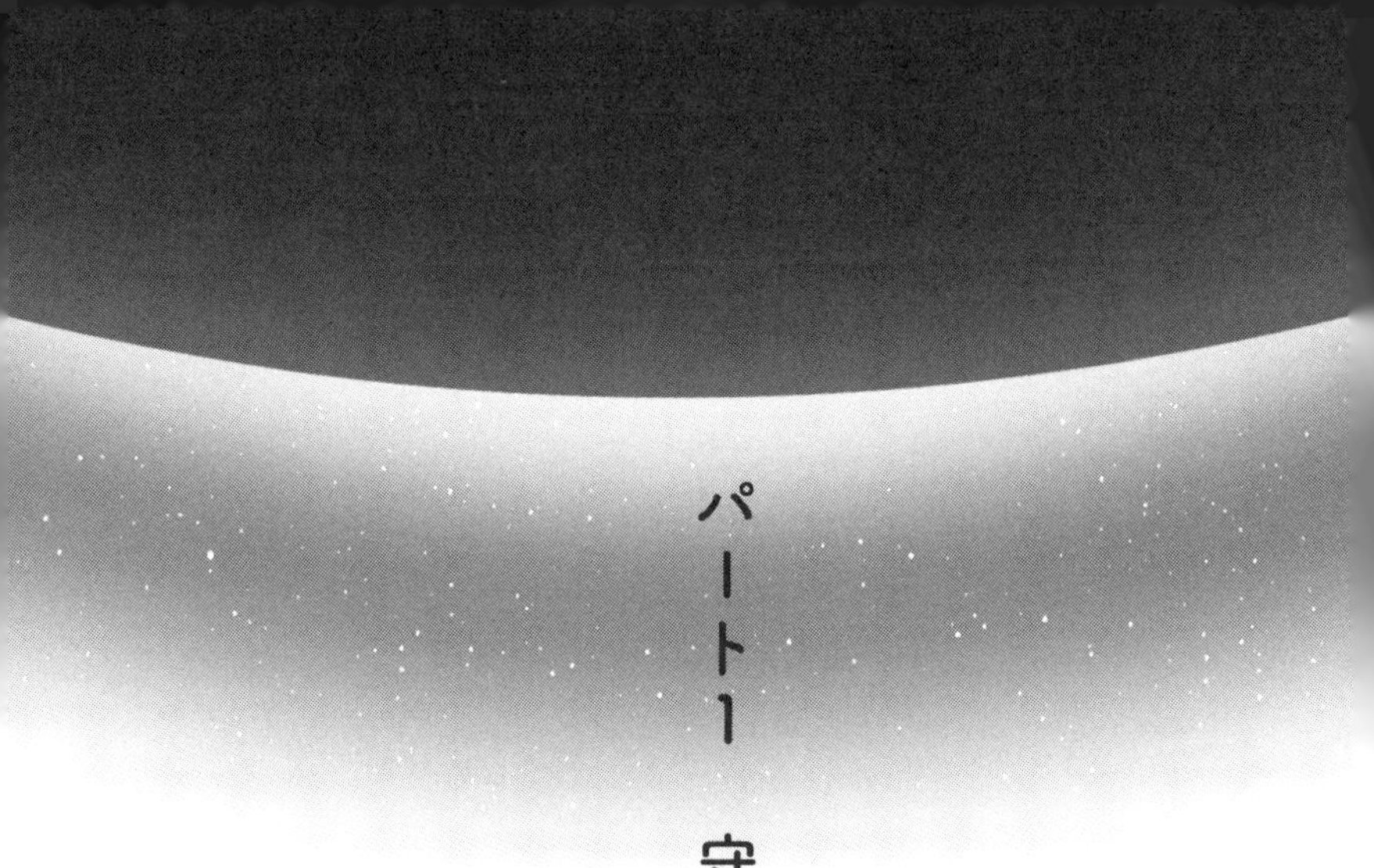

パート1　守護霊は知っている

リモートビューイングで見える土地のオーラと輝き

（於・保江邦夫先生事務所）

保江邦夫（以下保江）　茶坊主さん、今日はいつものご相談とはまた違う場で、どんな話が聞けるのかととてもワクワクしています。
どうぞよろしくお願いいたします。

麻布の茶坊主（以下茶坊主）　こちらこそ、こうしてお声がけしていただいたのは本当に光栄です。よろしくお願いいたします。

保江　さっそくですが、僕が白金の地に移ってきたのは、やはりご先祖に引き寄せられたのでしょうか？
六本木と品川駅の中間地点に住むという茶坊主さんの予言も、先祖からの暗示があったということですか？

茶坊主　あの一帯は、結界師が結界を張っている地域です。

私は不動産のコンサルタントもやっていますので、必要とあらば400年ぐらい前の古い地図を必ず確認します。

江戸はもともと、結界で護られた土地でした。

寛永年間の中頃、三代将軍・徳川家光は天海僧正《てんかいそうじょう》の提案を受け入れ、江戸鎮護《ちんご》のため不動尊を東西南北・中央の5ヶ所に置きました。それぞれの方角から魔物が侵入するのを防ぐために、結界を張ったのです。これが、江戸五色《ごしき》不動の始まりです。

五色不動は、陰陽五行説の「木・火・土・金・水」に対応する五色（青・赤・黄・白・黒）に由来する不動尊で、目黒不動・目白不動・目赤不動・目青不動・目黄不動として庶民の信仰を集めました。目黒不動はいまでも、目黒の「お不動さん」として人気がありますね。

土地にはもともと、地力や地の利といわれているものがあるのですが、結界を張ると、これらが影響して力の弱いところと強いところができてしまいます。

その地力の強いところ、地の利の良いところに松平藩とか、徳川家に近い優秀な藩が置かれているのです。

江戸の古地図に表示されている家紋を見ると、「ここは松平家の所領だから、良い土地だろう」とわかります。歴史に詳しい方は、一度調べてみると楽しいと思います。

僕らは、400年前の昔から、封建時代が終わって近代へ突入し、歴史が一変した明治時代までの地図を見ます。

それぞれの地図をパラパラと見比べて、調べたい地域にはどんな人間が住んでいたのかを確認するわけです。

例えば、大名が住んでいた場所であれば、「ここは大丈夫だ」といった感じですね。そういう土地には、清澄な気が流れているのです。

古くから不動産業を営む人間は、必ず古地図に目を通しますよ。


富士山から結界のレイライン（＊その土地や空間に流れる大きなエネルギーの川のようなもの）を引いて、江戸城ができた当時は、力の源を霊山富士山とし、その力が日本の繁栄に役立つように結界を張りました。富士山の霊力を江戸城まで引き寄せ、二度と戦いのない平和な世界にするため、しっかりとした国づくりになるよう結界師がそれに従事したのです。

その引き寄せられたエネルギーが無駄なく行き届くように、レイラインを丁寧に扱い、江戸城に届いた富士山の霊力ができるだけ効果的にすみずみまで行き届くよう、城内を回転させるようにエネルギーを誘導します。

そして最終ゴール地点である中心点に城を置き、行き着いたエネルギーが今度は天に向かって龍のごとく高く昇るように祈りを込めて、結界師が命を込めて結界を張ったのです。こうすることにより国家が鎮まり、平和が訪れると信じられてきました。

東京ディズニーランドのシンデレラ城も同じ構造ですが、「ウロボロスの蛇」のように、出る所と入る所が同じ場所はエネルギー的に不安定となり、鬼門になるのです。

いまでも、元は江戸城であった皇居には、「半蔵門」と呼ばれる門が残っています。この門が入口と出口にあたることでエネルギー的に不安定な場所となったため、当時の知力胆力霊力に優れた服部《はっとり》半蔵に江戸城の警備を任せ、常に目を光らせるようにしたため、敬意を込めて「半蔵門」という名称になったのです。

霊力があり、かつ千里眼の持ち主であった半蔵が、

「二里あまり（約10キロ）先に曲者が侵入したようだ。すぐに馬を出せ！」と命じると、

実際に敵がいたという話も残っているそうです。

保江　すごい人だ。

茶坊主　当時の忍びの技術は高く、自分の気配を消すことぐらいは普通にできていました。そんな彼らを二里あまり離れたところから感知して、「曲者」といって捕まえるのですから、半蔵がどれだけすごかったのかがよくわかる逸話ですね。

服部半蔵という人物は、それほどまでに「気」が充溢《じゅういつ》していたのでしょう。遠方にまで気を張る能力を備えていたと解釈できます。

こうして、様々な結界師や服部半蔵のような能力者たちに、江戸城は護られていたと考えられます。

東京で気のレベルが高い地域はある程度限られているので、品川と六本木の間であるこの辺りをお勧めしたのです。

昔、ＦＢＩの超能力捜査官としてテレビに登場したジョー・マクモニーグルができたりモート・ビューイング（遠隔透視）と同じように、僕らも何キロも先のものが映像のように見えたりします。Google Earthを見ているような感じだと思ってください。

光のオーラが多く集まる町や都市は、オーラの密度や輝きや色彩が強く見えるため、「あっ、だいたいこの辺りだな」とわかります。

この分析能力を生かしてその人のオーラを見て、その町や都市のオーラとジャストフィットするかを判断するわけです。

「このマンションがいいですよ」とか、「ここは、あまりお勧めできません」と提案できるのは、そういうことです。

人間の見方で共通することとは、功徳と陰徳の重さ・大きさや密度です。

功徳と陰徳が大きい方は、ご相談などで私の正面に座った途端にその方の体の周りにたくさんの守護霊が並びます。

「ほぉ、素晴らしい。たいへん功徳陰徳を積まれましたね」と、つい手を合わせてしまう瞬間です。

保江先生もそうでした。

守護霊は知っている——人生で積んできた功徳と陰徳

茶坊主　私は過去世で、僧侶や神父・牧師をたくさん経験してきました。

皆さんの守護霊に神父さんや牧師さんがいると、過去世における同業者として、「お世話になります」「お疲れさまです」「どうも、このたびは」「ご挨拶はこの辺にして予見に移りましょう」といったやり取りになりますね。

先に、相手の守護霊が話し始めます。この世で語れば20分から1時間かかる話でも、わずか数秒でコミュニケーションが成立します。

「わかりました、ではそういう形に」とコンタクトが終わると、彼らからものすごく圧縮されたエネルギーの塊のようなものが送られます。

それをデータとかソースといっているのですが、それを頂いて私のほうで圧縮されたデータを解凍して日本語にわかりやすく整理し、

「それでは、私がご本人に直接話しますので」という流れになります。

ただし、この流れは功徳陰徳の多い方に限られますから、人によるといえますね。功徳陰

徳が多い方は守護霊も多く、たくさん情報を送ってきます。

その人のオーラを見れば、エネルギーや情報がわかると同時に、その人に憑いている守護霊の数から、功徳と陰徳の大きさも見えるものです。

将来、大きなお役目を担う方、大義の道を歩もうとする方については、「この人物は、このようなお方です」と、私が守護霊に何かを聞く前に彼ら守護霊のほうから伝えられます。

また、守護霊も様々なタイプがいます。

「いろいろ話すと、あなたも大変でしょうから……」と、わざわざ私に気を使ってくださる守護霊もいるのですが、短い時間でいろいろと伝えなければならないことが多いので、「私への気遣いは無用です。要点を先におっしゃってください」とお願いすることもしばしばです。

相談者に憑いている守護霊は次々に現れますので、私は順番にお相手するようにしています。全く話さない方もいらっしゃいますよ。

保江　そういう霊もいるのですか。

茶坊主　います。全く話さない方には、

「呼んだものの、どうしよう、困ったな……」と思うこともあります。

「とりあえず、ご相談内容は何ですか」と聞くのはそのためです。

一つは、私のところへ来られる相談者の自立性・自主性を高め、私や守護霊への依存度を下げる目的があります。なんでもかんでも人まかせ、守護霊任せというわけにはいきません。

あるとき、守護霊の一人に不機嫌そうなお坊さんがいました。

「どうかされましたか？」

「こいつはね、人の話に耳を貸そうとしないんだ。君からガツンといってやってくれ」

「そんなことできません。私がきつい言葉を浴びせると、またネットに書かれてしまいます」

「それでもかまわないよ。こいつはね……」

この守護霊は、延々と文句をいい続けておられました。

そんな守護霊の文句を、そのまま相談者に伝えるわけにはいきません。悩みの種ですね。

ケースバイケースですが、こんな折に、

「私の守護霊様はなんとおっしゃっていますか？」と質問された場合、

「いま、何かしなければならないことはありませんか」と、逆に聞き返すようにしています。

守護霊の中には、厳しくいう方もいらっしゃいます。

私から厳しくいわれたという話がネットでの口コミなどでもありますが、実際にはその100倍ぐらい、私が守護霊から厳しい言葉を頂いているのです。

その全てを相談者に伝えると、この人の心は折れてしまうだろうなと思うことも多々あります。

保江先生の周りにいる守護霊たちは、多くの功徳と陰徳をお持ちの霊格の高い方々だと思います。きちんとした守護霊であれば、やましい気持ちや下心のある相談者の質問についてもちゃんと厳しく話してくれます。もちろん、愛もたっぷり込められていますけれどもね。まあ、人それぞれというか、霊それぞれですね。

守護霊団と呼ばれるように、守護霊たちがずらりと一堂に会することもあります。ある相談者が私の目の前に座った瞬間、その背後に2000人ほどの守護霊がずらりと顔をそろえたことがありました。

壮観でしたね。いままででいちばんすごい！　と思いました。マンモス小学校の生徒でも、マックスの合計で1000人くらいでしょう。「とんでもない人がお見えになったな」と目を見張りました。

その方は、がんの手術の名人で「神の手」と呼ばれるほどの頭頸部外科の名医でした。いままで2000人以上のがん患者を治療され、いまもご健在です。

とても謙虚で、素晴らしい方でした。

一般的に、「まずい霊」とか「やばい霊」といいますが、それは浮遊霊、地縛霊、憑依霊、自殺・他殺によって命を失った霊を指します。

でも、僕らの世界ではその逆なのです。

「神々しくて大変なものを見た」「神降臨」「マリア様がいらした」というのが、僕らにとっての「やばい霊」「まずい霊」なのですね。

実は、守護霊にもオーラがあります。その守護霊の中にはダイヤモンドの輝きのようなギラギラした守護霊がいるのですが、彼らが現れると、申し訳ないのですけれども私的にはたいがいロクなことがありません。

彼らが現れるときは、私に対してのお願いがほとんどです。

「あなたにお願いしたいことがあります……」と依頼されれば断れないのです。断ると何が起きるか、断らないと何が起きるのかを守護霊から説明されます。

そんな彼らが現れたときには、「困ったのが来たな」と内心思いながら、

「ご用件はなんでしょうか？」と恐る恐る聞かざるを得ないこともあります。

浮遊霊、地縛霊は話せばだいたいわかるのですが、神々しい霊たちにいわれると、もう何も答えられません。「かしこまりました」「はい、そのようにお伝えします」となりますね。

また、大事な潮目、ここで本当に未来が変わってしまう岐路に現れてくださる霊は、とても素晴らしい方です。

不必要な干渉による未来世界の歪み

茶坊主　僕らの世界には、基本的に「他次元間非干渉」というルールがあります（注　本来、「内政不干渉」などのように不干渉という言葉を使うのが正しいのですが、この非干渉は非干渉制御、非干渉の論理関係、非干渉錯乱、非干渉領域、非干渉性散乱レーダー観測などの非干渉に意味が近いため、ここではそのように表記します。この件については多くの守護霊たちと協議し、今後の残すべき言葉とその意味のため、伝えられたようにしました。非干渉性についての話はこちらでは割愛させていただきましたが、さらに深く掘り下げたい読者皆様方は、辞書などをご参考になさってみてください）。

４次元は３次元に必要以上に干渉してはならない、３次元は不必要に高次元に干渉してはならないという決まりです。

それは、自分の利益や都合を優先して高次元の守護霊を使うような、自己中心的な動機から答えを求めてはならないという意味です。

現在過去未来は、空間や時間や、物質の振動数によって分けられます。いまを基準としてより低い振動数、よくバイブレーションというのですが、これが低い世界が過去、いまよりもバイブレーションが高い世界が未来となります。

バイブレーションは、私たち人間や目に見えるもの全てに固有に備わっている振動数のことで、この振動数の高い低いで未来と過去に分けられます。

ですから、未来、来世はいまの世界よりもバイブレーションが高く、過去世は少し低いような形になっているということです。

私たちのいま、または現在という表現の状態は、基本的にはこの宇宙の中にある特有の振動数、またはバイブレーションの中にいるようなもので、それはときおり高くなったり低くなったり、ある意味ゆらゆらと動いているようなものともいえますね。

未来に見たものを現在に戻してしまうということは、現在のバイブレーション、または振動数の中にそれ以上の振動数のものを混ぜてしまうようなもので、そのことにより新たな不完全なバイブレーションが発生します。

お気づきかと思いますが、物事が順調に動いている最中に、異質な出来事や人物が訪れてめちゃくちゃになった思いは皆さんあると思います。物事を自分にとって都合よく考えて、他の人の迷惑などかえりみない自己中心的な動機、または行動で未来などに不必要に干渉してしまうと、世界や空間などが複雑に展開し、いまあるべき必要な状態ではなくなってしまう恐れがあるのですね。


この地球上の未来は、私たちや守護霊、地球と関わりのある他惑星、他銀河の存在などの総合的な意識、すなわち総意によって決定します。

みんながALL HAPPYで明るい方向に向かうのが一つの摂理といわれますが、誰か一人が違う方向を向くと、他の全ての人に悪影響を及ぼすことがあるのです。

例えば、誰かが未来を勝手に見て覚えてきたナンバーの当たりくじを購入して、10億円が当たったとします。これはとても不自然な状態、またはバイブレーションです。

もともとその人は当選しなかったはずの10億円をゲットしたことで、他の人間が本来進むはずの未来への道が曲がってしまうことになります。

そして、この不自然な状態やいびつな状態がその後も続いてしまいます。

ですから、その人は10億円を持たないのが、本来あるべき姿、自然な姿なのです。


保江先生は80歳を過ぎても、新しい二つの公式を生み出すと守護霊の中のY博士にいわれましたので、本当にこのメッセージが正しいかの確認のため、

「本当ですか。一つでも一生あるかないかですけれど」とY博士に確認したところ、

「二つだ。俺がやる」とおっしゃいました。

保江　本当ですか？

茶坊主　「これ、私が（保江先生に）伝えたほうがいいですか？」とさらにお聞きすると、

「伝えてくれ。健康にも留意するように」とお答えになりました。

また、保江先生の飲み過ぎをストップする役目も私がやるように、とY博士に指示されました……。恐れ多くてそんなことはできませんが……（笑）。

先ほどの他次元間非干渉のルールも関係しているので、本来であれば4次元の存在であるY博士は聞きたいことをすぐ聞ける存在ではないのです。

例外として、この世界のみんなが幸せになるための知識、いわゆる叡智、または英知は例外とされていますので、ときおり驚くような発見や情報が、4次元から降りてくるようにも見えるのです。

ですが、相談者の守護霊の中には、こちらが期待するほど話をしてくれない場合ももちろんあります。本来、話すことやつながることで守護霊への依存度が高まったり、神様扱いしたりしてはいけないのです。

皆さんは、「守護霊様」というような言葉を各所で見る機会も多いと思うのですが、それは本来間違いなのです。

理由は、さまざまなものがあります。

私の祖母は、死者と対話ができる人でした。曾祖母もそういう人だったと聞いていました。私も若い頃から、いろいろなタイプのさまよう霊が見えていました。

祖母と一緒にいるときに、

「あそこで立っている人は誰?」と聞くとよく答えてくれたものです。

中学生の頃には、見えない世界についてある程度は理解していました。

当時、霊の皆さんが毎晩代わる代わる私の夢枕に立つので、一人ひとりとお話しするのです。

30歳ぐらいだった、ある晩のことです。就寝前、袈裟をまとい帽子をかぶった身長1メートルほどの修験者のような方が夢枕に立ちました。「きっとあの守護霊だろう」とピンときたので、感謝の気持ちを伝えたのです。

「とうとう、お見えになったのですね。いつもありがとうございます、おかげさまで無事に過ごすことができました」

「もうお礼はいわなくていいよ」

「どうしてですか?」

「君が幼いときから毎晩お礼をいっている姿は、ずっと見ていました。とても嬉《うれ》しいことです。でも、君がお礼をいうよりも、君自身がお礼をいわれる人になってもらうほうが、我々にはもっと嬉しいことです」

その言葉を聞いた私は寝床から飛び起き、直立不動となりました。

「恐れ入ります。これからもっと精進いたします」

この出来事があって以来、守護霊にお礼をいう習慣はやめました。


ただ、例外はあります。例えば、何かわからないことが出てきて、「誰か、この問題についてわかる人はいないかな……」と思った途端に、霊がパッと現れることがあります。

「安心してください。この件に関しては、こうすればいいのです」と教示してくださるのです。


そんなときには必ず、「ありがとうございました」と軽く頭を下げます。

しかし、守護霊を「守護霊様」と崇め奉ることはしません。私は、曾祖母や祖母、そして私自身の守護霊からそういう教育を受けました。

守護霊は、人間に依存されることを好みません。ですから、相談者に対してはあくまでも自立を促すように、と教え込まれたのです。


守護霊を「様」付きで呼ぶ必要がないのは、なぜなのか？

一つの理由に、私たちが死ぬと次は自分たちが誰かの守護霊になるという考え方が挙げられます。

もう少し具体的にいえば、寝ている間や起きている間に幽体離脱をして、生霊《いきりょう》のような形で守護霊化する人もいるのです。

亡くなった後、一周忌ないし三回忌ぐらいまで時間が経つと、全体の8割、もしくは9割の方は、今度は自分たちが誰かの守護霊の役目を担います。

「自分が亡くなったら今度は代わりに自分が守護霊になって、そのときにいままで守護霊から受けた御恩を返すのですから、お互いさまなのですよ。君が死んだら、今度は君が守護霊になるのです」と、守護霊はよく微笑みながら、時には笑いながらいいます。

「それって面白いですか？」と問いかけると、

「面白くないですか？」と逆に聞かれます。

「君が死ねば、今度は君自身が誰かの守護霊になるのだから」と、この話をするたびにいろいろな守護霊から笑われるのです。

守護霊は、遠い存在ではありません。

ちょうど、東京に暮らす人を都内や隣県に住む親戚の人がときどき手助けしてくれる、といった感覚に近いと思いますね。

昔は、この世とあの世は東京とパリほどの距離で隔てられているのかと思っていました。ですが最近では、皆さんもよくご存じの「アセンション」や「次元上昇」などが知られるようになり、4次元でもあるあの世が、だんだんと近くなっている感覚が強まっています。LINEなどでつながっていても、すぐには会えない。そういう見えないけれど存在がわかるような距離感覚の場所に守護霊のみんながいて、この世界を良くしようと協力し合っているのです。

守護霊とは恐ろしく厳しい指導者でもある

茶坊主　私は、別の人間から教えられたことがなく、ほとんどの教えは守護霊からもたらされたものです。

本も、私にとっては大事な指導者です。

いちばん感銘を受けたのは、『シルバーバーチの霊訓』（潮文社）です。翻訳家であり、スピリチュアリストでもある近藤千雄先生が翻訳されました。

このシリーズはひととおり読みました。国会図書館に足を運んで読みふけりましたね。ある程度の知識・理論で武装しておくと、行動が脇道にそれるリスクが減ります。知識を身に付けることは重要なことだ、と教えられました。


守護霊と話をしている方々は一定数いらっしゃると思いますが、私はかなり珍しいタイプだと思っています。

若いときから世界を知り、そのまま活動している霊能者もいらっしゃいますが、私みたいに後から知識を植え付けた方も他におられます。

そのうちの何人かとお会いしたことがあります。でも、1回か2回お会いしただけの霊能者がほとんどですね。

一期一会とはよくいったものだなと思いながら、一つの大切な出来事やメッセージを伝えたら、本当に風のようにお別れが訪れて、

「じゃあ、あとは頑張ってね」と立ち去っていかれました。

そういう出会いと別れがほとんどです。

リアルメッセンジャー（＊この世に生きているメッセンジャー）としての霊能者の方々にもお会いしましたが、基本的な理論・知識は、ほとんど守護霊から教えられたものです。ときには、生身の人間に聞きたくなることもありますが、「知りたければ、私たちに聞きなさい」と守護霊にいわれます。ですから、独り黙々と話を聞いて、質疑応答する作業を続けていた時期がありました。

そのおかげで、特定の誰かを師と仰いで依存することはありませんでした。いうなれば、スピリチュアル界のアウトローみたいなものでしょうか。

なぜ、師を持つことがあまり好ましくないのかというと、師を持つことは依存の始まりだとされているからです。師を持つことが許される条件に、双方が生きている間にその師を超えることを誓えることが挙げられるようです。

ですから師が、「立派になりましたね。私がお伝えすることはもう何もありません。あとは自分で道を切り拓いてください」と賞賛されるほど頑張れるのであれば、師を持つことは許されるでしょう。

そうでない限り、ただ師を持つことは、「私はその人に依存しています」と宣言するに等しいといわれ、ドキッとしたことがあります。

「あなたは、心の中に理想の師を持ちなさい」と教えられました。

これを初めて聞いたときは驚きましたけれども、いまでは納得できます。

「心の中に師を持て」は大変良いお言葉だと思いながら、ずっと心の支えにしてきました。

以前は、守護霊によく叱られたものです。それも、尋常な怒り方ではありません。恐ろしくて、思わず泣き出すほどでした。本当に怖い存在です。

「そんなことくらい、自分でしなさい」「まだわからないのか」「あなたはバカですね」「あなたの愛なんて、しょせんその程度でしょう」「それで努力しているつもりですか」「そんなこともわからないのに、偉そうなことをいわないでください」と、いろんな言葉で私を責め立てます。

ひどいときなどは、

「この人、ホントにバカですね」と二人の守護霊同士がひそひそ話をしているのです。

「あの～、聞こえないように気を使っていただいているようですが、いまのお話は僕に筒抜けです……」といったら、バツが悪そうな顔をして消えてしまいました。

世間で知られる守護霊が、おとぎ話の世界に登場するような優しい存在であるのは、最初だけです。慣れてくると、実にリアルな手厳しい存在となります。


おかげさまなのか、最近は叱られることがなくなりました。

たまに浮遊霊がまとわりついてちょっかいを出すので、「いい加減にしろ！」と首を絞めてやったら、「それは、やり過ぎです」と守護霊に怒られた程度です。

浮遊霊のほうも、私の首を絞めてくることがあるのです。その浮遊霊の背丈は人間とほぼ同じ。この辺りが首かなと思われる部位を両手でぎゅっと絞めたら、うめき声を上げました。

そのまま絞め続けていたら……。そんなこと、本当はやってはいけません。

私がお叱りを受けるときの守護霊は、だいたい上のほうからスーッと現れてきて、大きさはリカちゃん人形ぐらいなのですが、孫悟空の話で知られる觔斗雲《きんとうん》に乗っているように降りてきて、私の目の前で強烈なお説教が始まります。

「何てひどいことをするんですか‼」と特大の雷が落ちてきます。

1年に1回ぐらい、調子に乗った浮遊霊が私にしつこくちょっかいをするものですから、少々懲らしめてやろうと思って、ついうっかりやり過ぎると、なぜかいつも私が叱られるのです。

ひとしきりお説教が終わると、「話を聞いて差し上げなさい」と守護霊からいわれます。

それでも納得いかないときももちろんあるので、いわれたことを無視したりすると、守護霊から、

「あなた、無視しているのですか」と、さらに追い詰めるようにいわれるのです。

最近ではなくなりましたが、以前はときどき、「守護霊様をお連れしました」という相談者が来られました。でも、どう見ても浮遊霊です。そこで、浮遊霊に質問します。

「あなた、浮遊霊でしょ？」

「はい、そうです」

「何でいるの？」

「この人がよくしてくれるので」

「よくしてくれるからって、そのまま甘えていいわけがないでしょう。わかっているならそろそろ離れなさいよ」

相談者に、

「浮遊霊だといっていますよ」と知らせると、

「私の守護霊様になんていうことをいうのですか」と怒り出します。

こうなると、相談料を相談者と浮遊霊の二人分いただかないと、割に合いません。とはいえ、浮遊霊からご相談料を戴くわけにもいきませんので、相談者に倍額をご請求したいところです（笑）。

でも、読者皆様の、守護霊や霊界などについての知識がだんだん増えてきたので、こういったレベルのやり取りは最近、少なくなったなと思います。

浮遊霊とか地縛霊は、朝から晩までのべつ幕無しにしゃべるので、「ホントによくしゃべるね」とあきれるくらいです。

私の経験上、その人間が生きるか死ぬかの岐路に立たされているとき、優秀な守護霊であれば、「本当にそれでいいのかな?」といういい方をしますね。

優秀な教師も同じだと思います。学生相手にぺらぺらしゃべり、手取り足取り教えるのではなく、「自分の頭でよく考えてごらん」と、相手の内部に火を灯して熟考を促すような話し方をするのが良い先生だと思います。

「本当にそれでいいのですか?」

「本当にそれでいいと思っているのですか?」と守護霊に繰り返し聞かれたことがあり、「あっ、間違っているんだ」と考え直して、進路を変えたことが一度だけありました。

霊には、浮遊霊・地縛霊・憑依霊・自殺霊・他殺霊などがあります。守護霊かどうかを区別できないと、誰の話をすればいいのかがわかりません。

うちの守護霊たちは、

「自殺霊や他殺霊ならば、その死因まで見抜けるようになりなさい」といいます。

「そんなことまで見なきゃいけないのですか？」と反論することもありますよ。そうすると、

「自殺であればその死因まで見ないと真実がわかりません」と話します。

「守護霊と浮遊霊、地縛霊などは、どうやって見分けるのですか？」と聞かれることがありますが、その人の死因が瞬間的に見えることでわかるのです。さまざまな霊が見えるのは、一般的な生活者にはしんどいことだと思います。

オーラが見えるのは、霊が見えるのと同じことです。同じ4次元体ですから、自分のオーラが見えるようになれば、霊もさらによく見えるようになります。

よく、オーラや過去世が見えるようになりたいという方がいますが、

「そんなものが見えるようになると、いろいろ大変ですよ」と注意を促します。

そういったものが見えると、卒倒することもあれば、その映像がずっと続くこともあるのです。特に、見え始めの当初は、その傾向があります。

守護霊それぞれにもオーラがありますので、オーラとの区別もつけないと、どこの誰と話

をしているのかがわからなくなります。

このような教えは、全て守護霊から授かったものです。

20年ほど前のある日、「自分は守護霊である」と主張する方が現れました。たいそう立派な話をしてくださいますので、素晴らしい霊なのかなと思って耳を傾けていました。

ところが、その講話が2、3日続くと、話の内容がとんちんかんな方向へずれていったのです。5日目になると、今度は態度が横柄になり、7日目には、

「私の話をおとなしく聞いておればよい」といい出す始末。

これはおかしいと思い、「もうお引き取りいただいて結構です」と伝えました。

「なぜだ?」

「あなたには叡智を感じません。私は叡智を感じるのが素晴らしい守護霊の証であるという教育を受けたのです」と説明すると、ものすごい形相で去っていきました。

しばらくすると、私のそばにいつも寄り添ってくれていた守護霊がすっと顔を見せて話しかけてきました。

「どうかしたのですか？」

「1週間ぐらい前に守護霊だという方が来たのですが、叡智が全く感じられませんでした。知識に愛の裏付けが欠けていましたのでお帰りいただきました」

「よくわかりましたね。あれは浮遊霊ですよ」

「えっ、そうなんですか！　見ていたのですか？」

「はい、ずっと見ていましたよ」

「何で教えてくれなかったのですか！」

「何でいちいち教えなければならないのですか！　そのくらいのことは自分で判断しなさい。いつまでも私がいるとは限らないのです。自分の身くらい自分で守りなさい！」

「申し訳ありません、私が間違っていました。自分で判断できるレベルに成長するよう精進いたしますので、引き続きよろしくお願いします」

逆ギレされたので、私は平謝りに謝りました。

守護霊は、とにかく恐ろしい・厳しい・難しいのです。優しいのは最初だけ。同じ過ちを繰り返すと、

「これは、以前も失敗しましたよね」と目つきが変わります。

「守護霊様は優しい存在」と思い込んでいる人には、残念なお話でしょう。初めは皆さんが怖がらないようにニコニコしていても、慣れてくるとだんだん険しい顔になりますよ。

最近、皆さんがおっしゃる次元上昇によって、守護霊が見える人たちが増えてきています。私と同じレベルの能力を備える人間は、東京だけでもだいたい5万人ぐらいはいるでしょう。東京ドームで収容できる観客数に近い。

そんな方々が私の所へ来られると、その周りに守護霊が何人いるかがわかるのです。皆さんが頭に思い浮かべた人たちのオーラなども普通に見えたりします。

これが、リスクコンサルタントの役に立つのです。

「この人は、この後まずいことになるな」「この方はいずれこんな感じの人たちに会うことになるから、気を付けたほうがいい」と感じたときは、すぐにアドバイスします。

私と同じかそれ以上の能力の人たちの話を聞いて、この人の周りに何人ぐらいいるのかを計算してみると、同じような能力のある方は東京だけでだいたい5万人ぐらいという計算になるのです。

もちろん、私よりレベルの高い人は大勢います。

例えば、先ほどの保江先生の、タイヤがバーストしたお話に出てきたNEXCOの方々も、「おそらく予知したから駆けつけたのだろう」と思いました。

保江　そうですね。だってすぐそこにいたんですから。

茶坊主　おそらく、何か予感がしたのでしょう。

「この辺りをパトロールしたほうがいいな」と思いつつ走っていると、そこに保江先生がいらっしゃった。だから、ぴたりと後ろに停車させたのです。

高速道路は、本当に危険です。1秒2秒の判断ミスなどで大きな事故になってしまったり、逆に直感で事故を防げることもあったりします。

パトロールの皆様方は、本当に高速道路のリアル守護霊、リアルガイドそのものですね。

119番の方たちも同じです。通常、事故が発生すると、

「○○交差点に一人、動けない方がいます。意識はあるようです」などと事故者の状態を確認して119番を手配しますが、実は、それに応じる方は、無意識だと思いますが通話の瞬間に幽体離脱して、電話をされている方の現場をある意味、透視されます。

救急隊が来るまで何分、などと時間も見ています。他には、事故車両が3台あり、中から出られない人がいるなどの重大事故となれば、119番通信指令室の青いランプが赤に切り替わって厳戒救急態勢を敷きます。

あの方たちは、私なんかとは違ってはるかに優秀な霊能者で、比べるのが失礼ですね。

ハイパーレスキューや消防隊にも、素晴らしいオーラを放つ方がいらっしゃいますよ。

以前、私の家族が救急搬送されたとき、家族を介抱している救急隊員の背中に、ミカエル様かと思うぐらい大きな羽が生えていたのです。思わず両手を合わせてお見送りしました。

あの方たちこそ、正真正銘の本物の霊能力者です。霊格がとても高い。

消防士、救急隊員やはしご車の方たちを見ると、神様が並んで歩いているように見えます。本当に生き神様だ、と私は思いますね。

あと、おまわりさんにも、霊格の高い方が大勢いらっしゃいます。

マイアミで出会った天使の意外な姿

保江　わかりますね。上の娘が高校2年生の頃、だいたい23年前の話です。

アメリカのマイアミで、ある晩、娘をレンタカーに乗せて町を見物していたのです。ところが、道に迷ってダウンタウンの物騒な場所に入り込んでしまいました。カーナビなんてない時代で、袋小路に入ってしまったのです。

ニューヨークの昔のハーレムみたいに、道端には怪しげな人間が何人もたむろして、いかにも治安の悪そうなところでした。

「困ったなあ」と辺りをキョロキョロしていると、ちょうど近くでパトカーから降りた大きな黒人のおまわりさんが、別の車の運転手に注意をしているところに遭遇しました。まさに地獄に仏。彼にすがるしかないと思い、パトカーのすぐ後ろに車を停めたのです。娘には、「外に出るんじゃないぞ」と厳命してドアをロックしました。

僕が車を出て近づこうとしたところ、こちらを一瞥《いちべつ》したその警官が、「出てくるな！」と手で制すのです。

「これが終わったらお前の車に行くから、それまでは車をロックして娘と車内にいろ」と早口英語で指示されたのですが、英語に堪能ではない僕も、そのときばかりは不思議に全部聞き取れました。「あれっ?」ととっさに思ったのが、車の中も外も真っ暗闇な状況で、おまわりさんに娘の姿が見えるわけがないのに、ということです。

「OK!」と、すぐに車へ戻った僕は静かに待ちました。

違反車両の処理が終わり、でっぷりと太った警官がのっしのっしと近づいてきます。

「道に迷ってしまい、ホテルに戻れないのです」と宿泊先のホテル名を告げると、

「全く違う方向だ。この辺りは物騒だ。道順を説明したところでわからないだろう。俺が先導するからついてこい」といってくれました。

パトカーの後ろにぴたりとついていくと、30分ぐらいでホテルに到着し、おまわりさんはそのまま黙って去っていったのです。

翌朝、チェックアウトの際にホテルの支配人と雑談した折に、前夜の出来事を話しました。

「昨晩は大変な目に遭いました。危険地帯に入ってしまいハイウェイパトロールの黒人警官に助けてもらったのです」

「ハイウェイパトロールは、郊外のハイウェイだけを管轄しています。ダウンタウンであなたを助けてくれたのは市の警察でしょう。でも、ダウンタウンは大変危険な場所ですから、警官といえども必ず二人1組で見回らなければなりません。警官が一人だけというのはあり得ませんね。夢でもご覧になったのでしょう」

「とんでもない。その警官がいなかったら、僕と娘は今頃どうなっていたかわかりませんよ」

僕は反論したのですが、その支配人は、

「絶対に一人はあり得ません。二人1組でパトロールしていたはずです」といい張るのです。

いまになると、あれはきっと守護霊か天使がおまわりさんの姿で現れたのだろう、と思いますね。

それから、今朝、目が覚めたのが朝9時半過ぎでした。普段は寝床でしばらく過ごし、すぐには動きません。とりあえずリモコンでテレビの電源をオンにします。

上に住む大家さんのご厚意で、ケーブルテレビを無料で見られるのですが、寝間着のままハリウッド映画かフランス映画を1本見てから行動を始めるのが、僕の生活パターンになりました。


今朝、たまたま見たのが、『パークランド　ケネディ暗殺、真実の4日間』（2014年公開）。テキサス州ダラスのパレード中に、ケネディ大統領が暗殺された日の前後4日間を描いた映画です。当時の実際の映像を駆使した、かなりリアルな作品でしたね。

暗殺されたケネディ大統領を首都ワシントンへ戻すため、遺体はパークランド記念病院から、大統領専用機エアフォースワンが待機する空港に搬送されました。

このとき、ダラスに同行していたジョンソン副大統領は、機内にケネディの棺を運び込み、その場で大統領就任宣誓を行うことを目論《もくろ》んでいたようです。

ところが、テキサス州の法律では、殺害された被害者の遺体は司法解剖してからでないと動かせません。州警察と市警察はケネディの遺体搬送を阻止しようとするのですが、シーク

レットサービスは、

「何をいうんだ。これは大統領だぞ。一刻も早くワシントンへ連れて帰らなければならない」と押し切るのです。棺が納められた霊柩車の周りを、銃を構えたシークレットサービスが固め強引に突破します。

ここで、印象的なシーンがありました。

ケネディ大統領夫人のジャクリーヌも遺体に付き添いますが、夫人には警護が付きません。棺の周りでいざこざが起こっている間、夫人は少し離れた所に、「私はどうすればいいのか」という感じでポツンと佇《たたず》んでいます。

そのとき、テキサス州警察のバッジを付けた白髪まじりの警官が現れます。腰が曲がったよぼよぼの老警官ですが、車のドアを開け、「こちらにどうぞ」とジャクリーヌを慇懃《いんぎん》に案内するのです。

ジャクリーヌは、「ありがとう」と車に乗り込もうとします。

そこへシークレットサービスの親玉が老警官に向かって、

「こら！　夫人に近づくな」と阻止しようとするのですが、ジャクリーヌは、

「この人はいいのよ」と制します。

老警官が車のドアを恭《うやうや》しく閉めた途端、ジャクリーヌは初めて号泣するのです。夫が突然の惨劇で命を奪われても、気丈に振る舞っていたのでしょう。

夫人は泣きながらも窓から手を差し出し、その老警官に「ありがとう」と伝えるのです。カメラはジャクリーヌの目線になり、車内から出されたジャクリーヌの手元を映しだすのですが、外は眩《まばゆ》い陽光があふれるばかりで誰もいません。

僕はその場面を見て、この監督は霊的世界をかなり理解している人だなと直感しました。ジャクリーヌが後に語ったように、あの瞬間のあの状況を考えると、本物のおまわりさんが実際にそこにいたとは思えないのです。

シークレットサービスがいたのは当然だとしても、地元ダラスのおまわりさん、しかも地位が高くもない制服警官があの場所に居合わせたなんて、あり得ないでしょう。

あれはきっと、警官に姿を変えた天使、あるいは守護霊が出現した場面を挿入したのだろうと思います。

今朝、この作品を見て感動したところへ、今度は茶坊主さんから警官の話が飛び出しました。ケネディ暗殺の直後も、きっと悲しみのどん底に突き落とされたジャクリーヌに手を差し伸べようと、守護霊が現れたのだと思います。

茶坊主　まさに、功徳と陰徳に尽きますね。

その方が生きていることによって、多くの人々が助かったり幸せになったりします。ALL HAPPY の結果がもたらされるのであれば、起こり得ない「奇跡」が実際に起こることが確かにあるようです。

パート2　寿命とはなにか

寿命とはなにか？——鍵を握るのは人の「叡智」

茶坊主　日頃から、守護霊たちが私に、信じられない奇跡の数々を聞かせてくれますが、「こういう方であれば、起こり得ないことも起こるのだろうな」と納得することがあります。

人の寿命について、何歳くらいだなとはっきりわかる場合と、全くわからない場合があります。寿命を予測できるのは、基本的に叡智を残す方々に限られます。

叡智を備えている方が早く亡くなってしまうと、この世界に不利益をもたらすことになります。

したがって、守護霊の方々は「誰を優先するべきか」とプライオリティを考慮し、順番を定めなければなりません。

「叡智というのは、どの程度のレベルの人でわかるものでしょうか？」と質問すると、「一般的な国会議員、大臣クラスでは、ほとんどわかりません」と答えられました。

外務大臣クラスでもわからず、総理大臣に至って、ようやく寿命を予測できることがあるそうです。

ノーベル賞を受賞なさる方は、寿命を予測しやすいと聞きました。ノーベル化学賞の田中耕一氏やｉＰＳ細胞の山中伸弥氏のような方々は、人類に利益をもたらす叡智を備えているということでしょう。

いい換えれば、天から使命を与えられた方は、任務達成の日から寿命がはじき出されるようです。それは、時間を管理する守護霊や、人との出会いを結ぶ守護霊などによって決まっていきます。

まれに、叡智をもたらすような方とお話をさせていただいた際、ご質問があれば寿命をお話しするのですが、

「わかりました。あと○○年生きられるなら、あと３本くらい論文を書き始めても間に合うでしょうね」と、驚くほど落ち着いておられる方が過去に何人かいました。

人によっては、長生きできると知った途端にお酒に溺《おぼ》れ、あっという間にあの世行きになることもあります。

「何をしでかすかわからない人の寿命はわかりにくい」と守護霊は指摘します。人間には原因と結果、つまり因果が内在しているのです。

保江先生がやり遂げるべき任務はまだ山ほど残っているようですので、守護霊の皆さんは、

「くれぐれも無理をしないように。過ぎたるは及ばざるが如し。やり過ぎると思わぬ結果を招くことになります」とおっしゃいます。

私が保江先生の仕事をお手伝いさせていただくのには、理由があります。ちょうど新型コロナが猛威を振るっていた頃、「人生の半ばを過ぎたいま、これまで天から授かったものをこのまま自分だけのものにして死んでいいのだろうか」と、ふと疑問が湧いたからです。いままで教わったことといっても、浮世の役に立たないことばかりですが……。

他の惑星や銀河の話をしたところで、忙しい現代人が耳を傾けてくれるわけでもありません。それでも、天の教えには違いありません。

世間では、「知識は責任を伴う」といいますが、私が身に付けた知識も適切に使えば有益かもしれないと思うことがあります。

先日、保江先生の講演会にご招待いただいたとき、知識に愛を掛け合わせ叡智にすれば、良い形に仕上がるはずだと思い立ったのです。

私一人の力で獲得した知識ではありませんので、どなたかの人生に新しい契機になっていただくのが、私の希望です。

これまで、テレビ・新聞・雑誌などの取材は全てお断りしてきました。

でも、真の探求者のお役に立てられればと思い、この対談のお話は喜んでお引き受けしたのです。

守護霊の存在を確信させた二人の人物とは

保江　実をいえば、僕も最初は「守護霊に話をお聞きして……」と茶坊主さんにいくら説明されても懐疑的でした。第一、僕には守護霊はこれっぽっちも見えないのですから。

一つの概念として、守護霊の存在を捉えていた程度だったのです。

ところが、最近2回ほど、茶坊主さん以外の人から似たような話を聞きました。一人が、千葉県在住の中《なか》さんとおっしゃる霊能者についてです。すでに故人ですが、生前には政治家が相談に来るほどの方だったようです。

中さんを女子高生の頃から「おっちゃん」と慕ってきた年配の女性に、「中さんって、どんな人だったの?」と質問したことがあります。

この女性は同級生とよく学校をさぼり、通学路の途中にある中さん宅に押しかけていたそうです。女子高生の溜まり場になっていたのでしょう。


ある日のことです。この女子高生がいつものように中さんの家に上がり込んでいると、「あんたの家で、台所のガスコンロにやかんがかかっている。もう中の水がなくなりそうだ。このままだと火事になるから、早く帰れ」と中さんが慌て始めたそうです。

すぐに自宅に帰ると、まさにそのとおりの状況で、あとで、

「何でそんなことがわかるの?」と聞くと、

「守護霊が、その辺にたくさんいるんだ。彼らが教えてくれるだけのことだよ」と。

中さんはもともと風来坊で、かなり荒んだ生活を送っていました。

ある日、酒をたらふく飲んで、前後の見境がつかなくなるくらい酔っ払ったのです。気がつくと、ご先祖様のお墓の前でグーグーいびきをかいていたそうです。

そこで、ご先祖様の霊に懇々《こんこん》と説教され、それを機に霊的に覚醒したということです。

もう一人が、僕が出版社に紹介して『天皇の龍　UFO搭乗経験者が宇宙の友から教わった龍と湧玉の働き』（明窓出版）という本を上梓された別府《べふ》進一さんです。

別府さんは、高知の公立高校で物理を教えている先生です。

ある日、「ぜひ、うちの高校に講演に来てください」とお誘いがありました。

別府さんは、UFOによってどこかの星へ連れ去られ、宇宙人の教育システムを学んだ稀有な体験の持ち主です。彼は向こうで学んだことを地球で実践する役目を担っているので、他の人と違って記憶を消去されませんでした。

UFOによる宇宙への旅は何度も繰り返され、数人の人間が一緒だったそうです。

その中に、宇宙に関しての知識をひけらかすような言動をする、知ったかぶりな奴がいつもいました。

ある日、別府さんが近所の書店で平積みにされている本を眺めていたところ、1冊の新刊が目に飛び込んできたのです。帯には、なんとその知ったかぶりふうな人間の写真が載っていました。

著者名を見ると、「保江邦夫」とあります。それで、彼は僕に興味を抱き高知に呼んでくれたのです。お会いすると、

「覚えていますか」と聞かれました。僕は何も覚えていなかったので、

「いいえ」とお答えすると、教えてくれたのです。

「私はあなたと一緒にUFOに乗り、あちらの星へ何度も行っているんです」と。

びっくりしました。UFOに乗った記憶は、完全に消されていましたから。

少し前にも、別府さんが上京してきたのでいろんな話をしました。

例えば、僕が彼について本に書いたこと、あるいは講演会で話したことは、いずれもご本人さんから直接聞いたことです。

ところが彼は、驚くべきことを口にしたのです。

「保江さんが本に書いたり講演会で話したりする私の情報は、いったいどこで入手したのですか？　全て事実であることは間違いありませんが、私からあなたにお伝えした覚えは全くありません」

「えっ、だって僕が高知で講演したとき、いろいろと話してくれたじゃないですか」

「いいえ、あのときに保江さんと個人的な話をする時間は、ほとんどありませんでしたよ」

僕は、キツネにつままれたような気分になりました。

別府さんは、自分が宇宙人と出会いＵＦＯに乗せられて違う星を訪れ、どんな役割を託されたのかということ、そして、記憶を消されずに地球に戻されたことを、なぜ保江邦夫が知っているのか、と不思議に思っていたというわけです。

あとでわかったのですが、別府さんは眠りに落ちるときに幽体離脱することがあるのです。しかも、時間を遡ることもできるとか。

それで、高知の高校で講演を終えて岡山まで車で帰り、その足で岡山駅へ行って新幹線に飛び乗り東京駅に到着するまでの僕を、彼は追跡したようです。

新幹線で過ごした3時間半、僕は座席でずっと寝ていました。その間に守護霊が僕にいろんなことを伝えたというわけです。

どうやら、守護霊から聞いた内容を、僕はあたかも別府さんから直接聞いたものと勘違いし、あっちこっちで吹聴したというのが真相のようです。

ですから、実は僕も、守護霊からいつも教えられていることになります。

ただし、茶坊主さんのように意識がはっきりしているときに守護霊とやり取りするのではなく、無意識の状態、つまり睡眠中に守護霊が僕の耳にささやくようです。

そんなことを、つい最近に知らされたのですよ。

茶坊主　私も最初の頃は、守護霊と交信するとトランス状態に入ることがよくありました。知らぬ間に4次元の世界に入り込み、脳波はシータ波となるのです。

保江　眠りに移行するような感じですね。

茶坊主　そうですね。少し眠くなります。「名探偵コナン」に出てくる眠りの小五郎ではありませんが、相談者相手にうつらうつらしながら話していた時期もありました。はっと気がつくと、目の前の相談者が号泣していたり。

「まずいことをいっちゃったのかな」と思うこともありました。

そのうちに経験を積むと、自分の話と分離するとでもいいますか、フィルタリングができるようになったのです。

最初はメッセージなのか、あるいは自分の発言なのかの区別ができないのですが、ある程度レッスンが進むと、「これは自分の感情から発した言葉ではなく、守護霊からのメッセージだ」とわかるようになるのです。

幽体離脱もほぼ可能になり、これが自在になれば「解脱」と見なされます。エゴから解放されるとは、すなわち解脱に他なりません。

いまのお話から察すると、おそらく、保江先生も睡眠中ではなく、起きている間に瞬時に理解されているのだと思います。

僕らはよく「フラッシュ」といういい方をしますが、一瞬でフラッシュして、「はい、もうわかりました」といった状況になるのです。

それまでは脈絡がなかった話が、ある日突然につながることがあります。どうしてこのタイミングで？　と思いますが、これにはちゃんと理由があるのです。

要は、守護霊サイドの事情に関係します。

例えば、

「守護霊のメンバーが集まれば連絡が来ます。それまで待機してください」といわれたら、僕らは待つしかありません。

ですが、だんだん慣れてくると、今度は私のほうから、「この件に関して知りたい」とオーダーを出すことができるようになりました。

守護霊側のタイムテーブルに合わせようとすると、慣れていないせいか引っ張られるようにだんだん眠くなり、うとうとしたところに突然、はっと目が覚めるような状態でした。

それまでは一方的な関係性だったのですが、次第に双方向のコミュニケーションが成立し、対話ができるようになったのです。

保江先生はいずれ、この先のステージである８次元以上の世界において、重要なお役目を任されているようですので、いずれその世界につながるようになるはずです。

保江　なるほど、そうですか。ちょっと楽しみですね。

茶坊主　ただ、保江先生に注意していただきたいのは、運転時に守護霊などからのメッセージを受け取るのは、とても危険な行為なのです。

たしかに複雑な公式などのメッセージはいつ降りてくるかわかりませんので、運転時に何かを感じたらすぐに車を停めないと危険です。

守護霊は、基本的に危なそうなタイミングを回避するはずですが、緊急性の高いメッセージの場合は突然に降りてくることがあるのです。

昔は駅のホームの端にいるときに急に守護霊が来ることもあったので、守護霊に、

「ホームの真ん中に行ってください」とお願いすることがありました。

集まりつつある仲間たち――オーラが増した人々の出現

茶坊主　ところで、ＵＦＯに保江先生と同乗した人は20人以上いるはずです。少なくとも、別府さんと保江先生以外に20人弱が地球に戻っているでしょう。

同じ記憶を持つ方々とは、いずれ東京でお会いすることになるはずですよ。

保江　本当ですか。別府さんも、だいたい20人ぐらいといっていました。

茶坊主　パッと見えた数を数えてみると、そのぐらいになりますね。目下《もっか》、六、七人が保江先生の近くに集まろうとしているようですよ。

あと何人かは海外在住なのか、時差があるようです。いずれにしても、メンバーが近づきつつあるような感じがしますので、しばらく待っていてください。

保江　僕も、なんとなく予感というか雰囲気を察しているのですよ。

茶坊主　これから保江先生の周りに集まってくる方々の、メンバーチェンジがあるみたいですね。ガラッと変わるようです。いまも変わりつつあると思いますが。

保江　そうですね。

茶坊主　いままでのレベルとは異なる、より一層オーラの輝いている方々は、これからどんどん増えてきます。

いままで、これらの方々が出てこなかったのには、いくつかの理由があります。

一つは、先ほど申し上げたように、オーラの輝いている方々へ単純に依存させないためというのがありますね。

とてつもなくオーラが輝いた人が一人だけ出現したりすると、みんなが依存してしまいます。そうすると、色味の悪いオーラが発せられるのですが、このオーラが出ると自立が阻《はば》まれてしまいます。「オーラを輝かしくする」という皆さんの最終ゴールが遠のくことになるのです。

反対に、様々なタイプのオーラの輝いた方がたくさんに増えると、誰か一人に集中することなく依存度も下がります。


最近はいろいろな霊能者が現れつつあり、その質と量を見ても日本のスピリチュアリズムは世界的に高いレベルにあると思います。その発展の一翼を担うのが、保江先生でしょう。

その中でも、保江先生を中心に、24時間開港しているハブ空港のように自由に出入りできる形で、そのうちに海外でも本格的になるみたいですね。

保江先生は欧州方面にも精通しておられるので、今後は海外のスピリチュアリストとの交流も始まり、世界のスピリチュアリズム全体のレベルを底上げしていくのではないでしょうか。


書店では関連書籍も増え、スピリチュアルに対する皆さんの意識が高まる傾向にあります。いずれは「オーラが見える」能力も、珍しいことではなくなると思います。

そうなれば、皆さんと守護霊との距離が近くなり、新しいメッセンジャーがますます増えていきます。

先ほど申し上げたように、私レベルの霊能者は推定で5万人以上いますし、潜在的な人数はその10倍以上に膨らむでしょう。

昨年（2023年）は当たり年でした。ワインの当たり年では素晴らしい出来のブドウがたくさん収穫できたのと同じで、霊能者の卵が数多く産み落とされたのです。

子どもたちの話を聞かせていただくことがありますが、小学校高学年あたりからオーラが見える能力を備えた子が見受けられます。1学年に一〜三人ぐらいの割合で、年々増える傾向にあるようです。

その一方で、ITやAIの進化はとどまるところを知らず、この世界ではとてつもないことがどんどん起こる予感がしますね。

保江　やはり、そう感じますか。僕に入ってくる情報も同じです。

茶坊主さんと同じように世界を見ている人が、増えているような気がします。

だから、未来は明るいのですね。

茶坊主　はい、間違いなく明るいです。

保江　いまの世の中には悲観論があふれているようですが、本当は明るいのです。

茶坊主さんのおっしゃるとおり、僕の周りではたしかにメンバーチェンジがありました。

周囲にいた変な人たちが、いつの間にか消えていきました。もっといえば、優しくない人は消え、優しい人だけが残ったのです。あるいは、新たに入ってきつつあります。

こんなことは、世の中が良くなる方向にないと起こらないでしょう。

自分のお墓を手に入れることができたのも、その延長だと思います。

「千の風になって」という歌の歌詞に、

「私のお墓の前で泣かないでください　そこには私はいません　眠ってなんかいません」

とありますが、まさに、お墓は骨の保管場所に過ぎません。

僕は以前から、どこに埋められようが、海にばらまかれようが一向に構わないと思っていたのです。

でも、もともと物質への執着心が希薄な僕のような人間でさえ、いざ墓所を手に入れると、「ああ、とうとう終《つい》のペントハウスを見つけた」といった感じがするのです。

それ以来、なんだか気分が明るくなり良いことずくめです。僕の周りの顔ぶれもがらりと変わったことだし……。

茶坊主　そうですね。

保江　もし、世の中が悪い方向に行っていれば、きっと逆のことが起きるでしょう。

茶坊主　基本的に劣化・低下というのはあり得ません。

我々が暮らす地球を始めとする、８つの惑星や衛星などを包摂する太陽系は、いまや銀河系の端から中心に向かっているのです。外縁から内縁に入り、中心に近づいています。

近づけば近づくほど、受けるオーラというかエネルギーが大きくなるわけですね。

すると、空間のオーラがどんどんと上昇していきます。時間が早くなったような感じがしたり、キラキラと空間が光っているように見える感じがしたり、何ともいえないような軽やかさを感じたりする方もいるでしょう。

人間の五感では感じられない、第六感が働くようなイメージかと思います。

この20年ぐらいで、空間のオーラはずいぶん変わったなと思います。

僕らは不動産屋ですからビルのオーラもチェックするのですが、変化しましたね。新しい建物が次々に出現すると、街そのもののオーラも変わります。

「住むには、どの街がいいですか？」とよく聞かれます。

たしかに、霊的レベルが高い場所には明るいオーラの人々が集まることがありますが、基本的には、人間と街のご縁があるかないかだと思います。ご縁がないのに住み始めても、最終的には街にはじき出されてしまいます。

空間のオーラもどんどん上昇しています。マイナスイオンが多いところは皆さん気持ちいいですよね。空間のオーラが上昇すると、マイナスイオンが多いような、気分がよくなる感じがするでしょう。

世間に流れるニュースは良いものばかりではありませんが、いつも、「グッドニュースを探しなさい」と守護霊にいわれます。

以前に、日米の研究機関が軽水素とホウ素の核融合反応を実証したというニュースが報道されましたね。なんだか、途方もない技術が開発されそうです。

これが実現すれば、核融合時の放射線リスクがゼロになり事故の発生率も下がり、たとえ事故が起こっても被害は劇的に小さくなるはずです。

太陽も、水素が核融合反応を起こしながら燃え続けています。人類と核融合は、切っても切れない縁で結ばれているわけです。

こうして新しい発見や新しい技術が生まれるニュースを聞くと、新しい世界が始まろうとしているのだな、と私はワクワクします。

ありがたいことに、私はいろいろな方からいろいろなお話を聞かせていただく機会が多いのです。水素燃焼についても、15年ほど前に東京海洋大学の関係者の方々から聞いたことがあります。

トヨタが、水素を燃料とする車の走行試験を始めたというニュースも以前に聞きました。新技術がもたらす15年後、30年後、50年後、そして1世紀後の世界についての話を聞くと、楽しくてたまりません。


グッドニュースは、ちょっと調べればあちこちに落ちています。

マスコミの方々が報道するのは、たいがいバッドニュースばかりです。人の不幸を喜ぶ傾向が強い視聴者・読者を相手にする商売なので致し方ないかもしれませんが、バッドニュースを聞くとオーラは下降します。

小さな出来事でもいいのでグッドニュースに接すると、自分のオーラがぐっと明るくなりますよ。

皆さんのオーラが明るくなれば、当然ながら世界も輝き始めますね。

我々は宇宙の中心に向かっている

保江　おっしゃるとおりです。

ところで、はせくらみゆきさんという女性の画家さんをご存じですか？

茶坊主　いいえ、存じ上げません。

保江　この方は、素晴らしい絵を描かれます。もともと主婦だったのですが、あるときからさまざまな知識を天から授かるようになりました。

その知識が、半端ではありません。生かじりの知識ではなく深淵《しんえん》なもので、本当に驚きました。

さらに、はせくらさんは霊を降ろすこともできるのです。突然、すごい人の霊が彼女にオーバーシャドーするのです。

僕は何冊か、はせくらさんと共著で本を出しました。そのうちの、『愛と歓喜の数式「量子モナド理論」は完全調和への道』（明窓出版）という本にも書かれていますが、彼女は銀河系と太陽系の位置関係についての面白い事実を知らせてくれました。

「地球を含む太陽系って、銀河系のいちばん外れの渦の、いちばん端っこで、つまり銀河系の中心から見ると、ど田舎の場所にあったはずですよね」

「もちろん、そうですよ」

「ところがいまは、別の腕の真ん中辺りにあるということになっていますよ」

はせくらさんがおっしゃる「腕」とは、銀河系が持つ渦巻構造のことで、渦巻腕、あるいは渦状腕ともいいます。

東北大学の天文学科を出た僕も、昔に独学したときに我々の太陽系は銀河系の端にあると覚えました。

「僕らが住む地球って、こんなに端っこなんだ」と、少しがっかりした記憶があります。

ところが、いまは銀河系の端と中心のほぼ真ん中辺りに移っているそうなのです。

先ほど茶坊主さんも、「だんだん中心に向かっている」と指摘されました。「そういうことだったのか」と、僕はえらく納得したわけです。

銀河系の中心に近づくほど、我々の霊格が上がり進化するのですね。

実際に、世界の姿形が変化しているのだなと……。


その他にも、こんなことがあります。

昔通った中学校の音楽教室に、必ずというように掲げられていたベートーベンの顔も、いま見ると大変に穏やかになっているような気がします。以前はもっと額にしわを寄せたような、厳しく暗い表情でしたが。

これも、銀河系の中心に向かっている人類全体の叡智のレベルが上がっている影響でしょうか。


茶坊主　はせくらさんは、おそらく外宇宙と接点がある人ですね。

我々の宇宙はすでに存在しない、という考え方があります。

実は、宇宙も一つではありません。銀河と同じように、我々がいる宇宙以外に無数の宇宙が存在します。他の宇宙から我々の宇宙を望むと、それぞれの宇宙に様々な特徴が見られます。

いまの銀河論や宇宙論ではとても証明できないし、お隣のアンドロメダ銀河から見てもわかりません。でも、外の宇宙から見ると明確なのです。

それをアインシュタイン博士が、相対性理論で指摘されました。アインシュタイン博士の相対性理論とは、実は外宇宙から見たポジションチェンジのことを指すのだそうです。こんな荒唐無稽なことをいくら説明したところで、誰も証明はできません。そこで、数式にしたところ、あの相対性理論が生み出されたというわけです。

でも、相対性理論は完璧ではないそうです。アインシュタイン本人が理論の不完全性をわかっていたそうで、生前にこんな言葉を残しています。

「我々が存在する宇宙の摂理は、他の宇宙とは違うものである。相対性理論は、地球を数値化して表したものだが、あれが限界なのだ。このことを、私はいつかどこかで話したい」

これが、相対性理論の核心らしいです。

保江　よくわかります。

茶坊主　ですから、はせくらさんは、すごいことをいっているのです。
私は相対性理論を理解しているわけではありませんが、原理は聞いたことがあります。物理に詳しい守護霊たちから様々な話を聞いてはいましたが、複雑な公式などはもちろんわかりませんし、本当にシンプルな理論程度しかわかりません。

実は、我々の銀河も宇宙も、すでに終わりを迎えたともいえます。

宇宙の始まりと終わりの間はどのくらいの時間が存在するのかというと、指をパチンと一度鳴らすときのような、１秒の何千、何万、何百万分の１かのような一瞬の中に宇宙の始まりと終わりが全て込められている、と考えることもできるのです。

我々は、そのような時間軸の中にいます。

我々は、宇宙の外からやって来て、再び宇宙の外へ戻っていく存在です。この繰り返しを未来永劫にわたって、繰り返しているだけなのですね。

様々な宇宙に特徴がありますが、共通していえることがあります。

それは、どの宇宙もハッピーエンドで終わりを迎えるという、同じ原理だと思います。

宇宙には、我々の宇宙以外にも、さまざまなタイプの宇宙が存在します。

銀河系のように、太陽を含む多数の恒星を中心とする天体の集合体ではなく、ガス星雲といわれる星間物質が、周辺よりも高密度で集まり雲のように見える天体もあります。

拡大し続ける宇宙もあれば、収縮に向かう宇宙もありますね。

終焉を迎える宇宙は、最終的にぎゅーっと圧縮されて消滅します。歪みがない状態が、宇宙の最期の姿形なのです。


はせくらさんは、残存した宇宙の一部分を見たのだと思います。優秀な方だなと思いましたね。

これからは、僕らやはせくらさんのようなタイプの人間が、次々に現れると思います。

この10年は、まさに「真理の夜明け」と呼ぶにふさわしい時代です。いろいろな方々がそれぞれの著作を発表するでしょう。

私みたいな人間は、実際には大したことはありません。私は、「スピーカー」と呼ばれる、人々にわかりやすく説明する役目を担うようにオファーを戴いています。

僕らは、皆さんが思い浮かべた方のオーラを見ることができます。

例えば、「いま、この人のことを思い浮かべているな」と感じると、その人のオーラが見えるのです。そのオーラから見ても、はせくらさんはすごい能力の持ち主です。

ちなみに、優秀な女性の中でいちばん多い職業は、実は主婦なのです。

保江　わかります。そのとおりですね。

茶坊主　私と同じようなタイプの方たちが東京だけでも5万人ほどいるとお話ししましたが、女性でいちばん多いご職業が、主婦です。

男性では、社長か自営業者が多いかなという印象です。授かった能力を他者のために使うという点において、社長業がふさわしいのかもしれません。

そうした主婦の方々からのご相談をたまに受けるのですが、本来は私と同じようなタイプなので自分である程度はわかるはずなのですね。ただ、ちょっとだけ不安が混じったりしたせいで、人に確認を取りたくなるのです。そんなときは、「時が来たらちゃんと解決していきますから大丈夫ですよ。それが必然です。必ずわかる時が来ます」といってお引き取りいただいてます。

地理的には、人が多いところに能力のある方が集まる傾向がありますが、やはり日本においては東京にだんだんと集まっていますね。

ある程度、自分の能力に気づき始めている方も多くいますが、まだはっきりしていない潜在的な能力者も実はたくさんいます。

最近では保江先生の講演会などに、そのような潜在的能力者がますますたくさんお見えになっていますよね。

ちなみに、いま、編集者の方と保江先生の秘書さんがおられますが、オーラの範囲は、半径2メートル半ぐらいです。

四人のオーラが、中央辺りに集まっています。その大きさは、人数に比例します。

「連成」と呼ぶのですが、人数が増えるほどオーラが集まりどんどん広がっていくのです。

保江先生は、そのオーラが集まり凝縮されていく「連成」をセミナーや集会の開催で実現されておられるのですね。

開催される回数や集まる人数に比例して、だんだんとそこにいる方たちのオーラが凝縮していくことで、各自のオーラの平均値も上がっているわけです。さながら、みんなで勉強してみんなの偏差値が上がるようなものです。

私の個人的関心ですが、大勢の人数が一ヶ所に集まると、オーラはどのように変化するのかなと思いまして。

例えば、東京ドームにおける巨人・阪神戦やサッカーのワールドカップに5万人などという観衆が集まると、同じ目的を持った大人数のオーラの集合体はどう変化していくのか？　また、それぞれが異なる目的を持つ人々が集まった場合なら、はたしてどうなっていくのか？　それが、個人的な楽しみの一つになっています。

宇宙エネルギーには、原理・原則があります。

明確な目的を持つ人がたくさん集まると、エネルギーの高きは低きへ流れ、低きは高きへ向かう。

高きから低きへ流れるのは、エネルギーが大きい人から小さい人へと自然に流れるということです。低きは高きへ向かうというのは、多くは尊敬や敬意という形のエネルギーがありますが、複雑化してくると依存や執着へと変化していくこともあります。

ある程度のバランスのある人たち、オーラのレベルが似通った人たちが集まると、エネルギーの高低差が次第になくなっていくのが見えます。

昔は、飲みニケーションといってお酒を飲んで、このエネルギーの高低差やわだかまりをなくしていったこともありましたね。

私は、保江先生の講演を聴くときは、いちばん後ろの席に座ることにしています。そうすると、会場に集まっている皆さんのオーラがどんどん変わっていく様子がよくわかるのです。ある部分の黒いところがピンク色になり、こっちの部分がブルーになって……といった具合です。

最終的には、皆さんのオーラが統一されていくのです。人数が増えると、その変化がますます顕著になります。
保江先生のもとに人が集まり、強いオーラと弱いオーラが現れると、強弱がそれぞれ補完し合う形になります。そういった現象が、著作や講演を通して起こるのだろうと思います。
最近、保江先生はさとうみつろうさんとのお付き合いが深くなっているようですね。

保江　はい。僕のこれまでの集大成といえるような本、『シュレーディンガーの猫を正しく知れば　この宇宙はきみのもの　上・下』（明窓出版）もみつろうさんと共著で出しましたし、彼が主宰するレイビレッジで、参加者を募って合宿をしたりもしています。

茶坊主　みつろうさんは、男性では珍しいぐらい霊格の高い方ですね。そのような方は解脱状態、あるいはエゴから解放されているので、ある段階に至ると特異のオーラを放つようになります。一瞬にして幽体離脱もできるのです。
みつろうさんが、私の目の前でパッと見せてくださったのですが、ちゃんと離脱ができていました。男性でできるのを見たのは初めてかもしれません。すごいことです。

男性は、強烈なエゴを持つ人が多いですね。そのためか、スピリチュアル的なことを話すと気持ちが悪くなるという方が結構いらっしゃいます。

逆に、女性ではスピリチュアルへの意識が高まっているのは、やはり子孫を残すという能力を持っているからでしょう。

残念ながら、この出産という形で子孫を残すことは、特殊な例を除いて他にありません。妊娠すると、母親は子どもの命とお腹の中でつながります。その子の未来を一緒に感じる能力がもともと女性性には具わっているので、この先、5年は安全だなというふうに女の勘のように感じ、妊娠〜出産〜育成の準備が始まります。そういった能力を、もともと持っているのです。

未来を感じたり命を感じる能力は、男性性よりも女性性のほうがはるかに高まっているので、古来の人間は女性性を大切にし、かつ守護してきたのでしょう。

これからもずっと、そうあってほしいと願うばかりです。

このように、女性はもともと命をはぐくむ能力を与えられているので、霊界や、生まれる前の子どもたちが住む世界とつながりが深いのです。「女の勘」とは、そういうものを表しているのですね。

よく女性は占い好きといわれますが、自分のいまの直感が正しいのかどうかを判断し、調整やアチューメント（＊チャクラやオーラを調整して活性化させること。誰かに直接や遠隔でサポートしてもらったり、自己完結できる方も中にはいる）をするために観てもらっているのです。

この感覚は合っているなと思ったらそれでＯＫだし、間違っていたらそれを正していく、という答え合わせの意味があるのです。

きちんと観ることができる人は、手相や占い師の方々、医師や整体師、鍼灸師などに多く存在しています。こうした方たちは、例えば、体中が泥だらけのように汚れたオーラになっている人のオーラでも、調整や同調をさせることで元のきれいなオーラへと戻すことができます。

命に関するそうした能力を持っている男性は、全体からしてかなり少ないです。その数少ない男性の例は、不妊治療医、産婦人科医、内科医、訪問医、介護士、臨床心理士、など医療関係の方々に多くみられます。

みつろうさんは男性の中では本当に珍しい。これだけシンプルに、瞬間的に幽体離脱をしたり、自分のオーラをコントロールできる人はなかなかおられないですね。

保江先生や別府先生のような方も、男性では本当に珍しいですよ。

コンタクティーたちの「集まるべき場所」

茶坊主　再び、さらに高次元の守護霊の話をしましょう。

あるとき、「何か君の望みを叶えてあげる」と高次元の守護霊に聞かれたので、「そうですね、宇宙の外側を見てみたいです」と答えると、「なんだ、そんなことでいいのか」と、私はＵＦＯに乗せてもらったのです。

「ここだよ」といわれた場所が宇宙の外側、つまり外宇宙でした。

霧のかかったような空間で、暗い部分と明るい部分があり、

「これが宇宙の狭間だよ」と教えられたのです。

遠方に、黒ずんだ渋い色の空間がたくさん見えたところで、

「あれは隣の宇宙だよ。さあ、もうそろそろ戻らないと、君の意識が離れ過ぎてしまう」

といわれ帰ってきました。

「なんか、また変なものを見せられたな」と思いましたが、これに類するような出来事はたくさんあります。こうやってお話しするのは、今回が初めてですが。

別府さんは、私と同じこと、あるいはそれ以上のことを体験されたのだと思います。はせくらさんも、すでに宇宙の外側のことなどがわかっていらっしゃるはずです。

私だけが珍しいわけではありません。私は、人様にお話しすることに特化した人間であるに過ぎないのです。

今後、優れた能力を備える方々がどんどん集まってくることが本当に楽しみです。

保江　本当に楽しみですね。

茶坊主　「えっ、こんな人がいたなんて……」とびっくりしながらお迎えすることもあるでしょう。

私も、何らかの形で貢献していきたいという気持ちでいっぱいです。

ＵＦＯとその乗務員とコンタクトを取ったことで有名な人物に、ビリー・マイヤー（ビリー・エドゥアルト・アルベルト・マイヤー）がいます。

ビリーは純粋な人であり、コンタクティーとしても間違いないのですが、その純粋性ゆえに、証拠写真の捏造《ねつぞう》を囁《ささや》かれたり、同志の反感を買ったりしたようです。

こうしたことがありましたので、ビリーだけをコンタクティーにしないよう、これ以上彼が辛い目に遭わないようにと、太陽系や銀河系などの様々な総合的意識、いわゆる総意で決まりました。

コンタクティーが一人のままでは、迫害・誹謗中傷の標的になりやすいので、同じレベルのコンタクティーが複数いっしょにいるのが望ましいと思います。

それも、誰か一人を頂点とするヒエラルキーを形成することなく、「みんなが一番」とできれば、コンタクティー全体の平均値を上げる形になります。

これは、数千年の歴史の中で生まれた知恵でしょう。問題は、ある一定レベルの人間がたくさん集まった場合、どのようにお互いが結びつくかです。結合のタイミングが、意外に難しいですね。


例えば、保江先生の場合、講演会、書籍、YouTubeなど、何かの集まりがあるたびに結合できるようなのです。最終的には、東京ドームを埋め尽くすほどの人間が集まるかもしれません。

能力を有する多数の人間が複数の場所に集まれば、おそらくUFOも飛来することでしょう。現実に、そんな形で宇宙人とのコンタクトが始まるらしいのです。

私は、その代表的な舞台が日本になるのではないかと予測しています。具体的には、東京がその場所になると思います。

保江　やはり、東京ですよね。

茶坊主　ＵＦＯと接触した人間は、私の周りに七、八人います。その方々が集まってＵＦＯに遭遇して、何回もコンタクトしているのです。

その場は、特異なオーラで空間が歪むんですね。さらに、上の層と下の層と分離するのです。熱いお風呂に冷たい水を流すと、注意深く観察した場合、ゆっくりとお湯と水が上下に分離するのがわかります。

空間のオーラが歪むのは、このように一瞬では見えなくても注意深く観察していると見える程度です。海の潮目にもよく似ています。

あまり空間のオーラを変えたりしてしまうと他に影響が出てきたりするので、やり過ぎるとアウトじゃないか？　という話もあります。変え過ぎると、船酔いや高山病みたいにふらふらするという、通称エネルギー酔いみたいな状態になる方もいますね。

コンタクティーがいま、どんどん集まり始めています。

ですから、いろいろなエネルギーを持った皆さんが、集まるべき場所に集まります。行くべきときに行くべき人が行くべき場所に集う、と昔、守護霊にいわれたこともありました。

もちろん、私だけがエネルギーを集めたり解放したりしているわけではありません。

意識的に、ときには無意識で、皆さんも数多く行っています。意識、無意識で行っているわけですから、当然、地球レベルや宇宙レベルでも、皆さんがこれから感じ始める新しいエネルギーが高まっているのです。

明るいエネルギーがますます広がっている状態なので、これからの未来が暗くなるはずがないのです。遅かれ早かれ、この高まりは地球上の皆さんが感じるところになるでしょう。

基本的には、このような形で上昇していけば何も心配する必要がないと、この機会に皆さんに伝わればいいですね。

保江　僕は、ある時期から、毎月のように全国各地に出かけて講演したり、YouTubeで怪しげなことを口にしたり、１００冊近く本を出したりと、いろいろ活動してきました。

でも、正直に申し上げると、心底こうしたことがやりたいと思って始めたわけではないのです。気がついたら、いつの間にかこんな状態になっているという。

しかし、その活動の一つひとつには、やはり意味があるのだと感じるようになりました。

茶坊主　それが、守護霊たちの総意であるように見えますね。

保江　それまでは、僕の活動に意味があるとはこれっぽっちも思っていませんでした。

茶坊主　私ははっきり、活動の意義を自覚されていると思っていました。

保江　いやいや全然です。ただ、結果を見ると「なるほどな」と思うことも多々ありますが。

それに、幸いなことに、嫌いなことをやっているわけではありません。かといって、「よし、これが自分の使命だ」ということでもなく……、空気や水と同じように、「あって当たり前」みたいな感じでしょうか。

今回、茶坊主さんにいろいろ伺って、皆さんに具わっているものが同調しハレーションを起こしている現象に僕が関わっていたのかと改めて思えて、少し安心しました。

僕の存在が世間の役に立っているからこそお墓も手に入り、車のタイヤが突然バーストしても、すぐに救助されたのでしょう。しかも、バーストしたのはスピードをいちばん落としているときでした。

茶坊主　危機一髪のところでしたね。場所があと1キロずれていたら、命がなかったかもしれない……。

保江　本当ですよね。本線に合流すれば、すぐに加速して高速走行になりますからね。走行時にバーストしていたら、簡単にスピンしているところでした。しかも、ミニタイプの古い車です。命なんて、あっという間に吹き飛んだと思います。
そうなる直前に助けに来ていただいたのですから、神様に感謝するしかありません。

功徳を施し陰徳を積む者の前に現れるメッセンジャーとは？

茶坊主　例えば、独りで瞑想を毎日続けるものの、周囲にはそんなことをする人が誰一人としていなかったとしたら、「こんなことを続けるって、私の頭はおかしいのかしら」と不安に思うかもしれません。

私の所には、「保江先生の動画をたくさん見ました」という方がお見えになることがよくあります。保江先生やスピリチュアルに興味を持つような仲間がいない様子だと、もしかしたら何か不安を感じているのかなと思い、いろいろと説明して差し上げると、

「そういう意味だったのですね！」と、皆さん納得されます。

私は、現代版の駆け込み寺のような存在なのかもしれませんね。そういう方々は、「他にも大勢こんな感覚の人がいるのなら、自分はちっともおかしくない」と安心されるようです。


ただ、夫婦の問題については微妙なところがありますね。とかく、女性のほうが感化されやすく、意識レベルが高い方が多いですね。ご主人に相談しても、全く共感を得られない場合が多いというのです。

それは、夫婦の相性の問題ではなく、男性と女性の根源的な特質の違いから発生する問題です。子どもを産めない男性には、とうてい理解できないことがあるのでしょう。

もちろん、意識レベルの高い男性も増えていますが……。

ですから、特に女性の皆さんには、「自分はおかしくない、正常だ」と思っていただきたいのです。

初めて、様々な霊たちからいろんな話を聞いたときは、左右の耳それぞれに大音量を発するラジオを当てられたような感覚でした。

あまり大きな声ではいえないのですが、私にはいささか変態的な側面があります。

昔、極真会館の空手に熱中したことがあります。フルコンタクト空手ですから、組手で相手にいくら殴られても楽しめたのです。痛いことに快感を覚えるほうですから、マゾヒストなのかもしれません（笑）。

ですから、辛いことや痛いことには慣れているところがありました。

朝から晩までぶっ続けで1週間、浮遊霊の話を聞き続けたことがあります。もう大音量で、いろんなことをいわれました。

「これをこのまま聞いていると、俺はいったいどうなるんだろう」と思ったものです。

それでわかったのは、「ある一定の音量で話す声での話は、中身は大したことない」ということだけでした。

その頃、私のところに来られた相談者に、「今日退院しました」という方がいらっしゃいました。

「どうされたのですか？」

「頭の中にいっぱい話し声が飛び込んできます。耳のそばでラジオが大音量で鳴っている感じなのです」

「私も同じですよ」といったら、安心したようでした。

その方はそれを家族に話したら、すぐさま精神科に連れていかれドアノブのない部屋に放り込まれたそうです。独房のような病室で、点滴を1ヶ月の間、打ちっ放しだったとか。本人がいくら、「私は大丈夫です。正常です」といい張っても、聞いてくれなかったようです。外見を見た限りでは、何の問題もないのですが……。

それで、もし私も頭の中の話し声について誰かに話せば、きっと同じ目に遭うだろうなと思い、1年ぐらい誰にも話さなかったことがあったのです。

その後、20年ぐらい前の話ですが、友人の霊能者がわざわざアメリカから来てくれ、私の疑問に全て答えてくれました。この方は、バージニア州在住の日本人女性です。

「あなたは、これからこうなるから」と、未来のことまで予言したのです。

その方は霊格の高い覚者で、当時はメッセンジャーでした。

皆さん、ほぼ例外なく霊界からのメッセージを聞きたがりますが、生きるか死ぬかの重要な事柄でない限り、他次元間非干渉のルールが適用されます。

ある日、その女性がスーパーに出かけたところ、入口に見たこともない二人のネイティブインディアンが立っていたそうです。

「やあ、君のことを待っていたよ」

「私を?」

「もちろん、君が○時○分にここへやって来るってわかっていたからね」

そして、

「手を出して」といわれたので、スーパーマーケットのど真ん中で三人手を組んで輪になると、オーラが三人の体を駆け巡ったそうです。はたから見ていたら、相当恥ずかしいことだったと後で話していました。

ものの数分だったみたいですが、

「これで終了。あとは自分でわかるはずだからね。では頑張って。バイバイ」と二人は立ち去ったそうです。


こういった何とも不思議なケースは、実はたくさんあります。

日頃から、人に功徳を施し陰徳を積んでいる人間は、ある日突然、そういう方たち、いわゆるメッセンジャーに遭遇する定めになっているのです。

なぜ功徳と陰徳が多いに越したことがないのかを、守護霊に聞いたことがあります。

「守護霊も元はといえば人間です。将来、あなたが守護霊になったときを想像してみてください。暮らし向きが楽ではなくても、いつも困った人に手を差し伸べたり、まだ周囲が寝静まっている早暁《そうぎょう》に公園を掃除したりする人と、贅沢《ぜいたく》三昧なのに不平不満が多く、人の批判ばかりする人の二つのタイプの人間がいるとしましょう。あなたなら、どちらを先に助けますか？」

この説明を聞いて、すとんと腑に落ちました。

「私たちも、基本は同じなのですよ」と守護霊にいわれました。苦しくても歯を食いしばって頑張る子がいれば、我々は励ましたくなりますし、そんな子がたくさん善行を積んでくれれば、ますます応援したくなるでしょう。功徳と陰徳の多さ、それが守護霊の数に比例するだけなのです。

一人ひとりの人間に霊格や資質があるように、守護霊にもグレードとレイヤーがあるのです。

今回の保江先生の車がバーストした場所についても、きっと守護霊の一人が「あの人が運転する車は危険だ」と合図してくれたのかもしれません。知り合いの知り合いの知り合いを通して、ちょうどいま、車で出発するところですからちょっと早めに行ってくださいといって、それで守られた形なんですね。

守護霊に、「あの人間は、これ以上手伝わなくていい」とそっぽを向かれたら、もうおしまいです。

「あの人はいま大変だから、私が手伝いましょう」と守護霊たちが集まるのは、まさにその人間の功徳と陰徳のおかげです。

そういう方はやはり、神々しいオーラを放つようです。「やらない善より、やる偽善」などともいいますが、人に功徳を施し人のいないところで陰徳を積むのは、とても大切なことです。見えない世界から、必ず誰かが見ています。

大きな善より、小さな善から始めていただくのがよいと思います。今日から始められる善は無数にあるので、それが何かのきっかけになるでしょう。

「まさかのときの友こそ真の友」ではありませんが、危機的状況に奇跡が起きるのは、その人が徳を備えているからです。

私が教育されるプロセスにおいて、

「奇跡にも、ちゃんと原因と結果があるのですよ」とよくいわれたものです。

「奇跡が起こらない人」にも理由があります。いちばん大きな原因は、その人が奇跡を信じていないことにあるそうです。

もともと、私も奇跡を信じないタイプでした。奇跡なんて、一生に1回あればいいだろうと思って守護霊たちと話をしていたところ、

「あなたに奇跡は起こりません」といい出す守護霊が現れました。

「何てことをいうんだ、この守護霊は！」と、カチンと来ました。

私は平常心を装いながら、

「それはなぜですか？」と聞くと、

「そもそも、あなたは奇跡を信じていないでしょう」と図星を突かれ、開き直ったのです。

「はい、信じておりません」

「だから奇跡が起こらないんですよ。奇跡にも原因と結果があるのです。試しに、奇跡を100個くらい考えてごらんなさい」

100個の奇跡!?　と思いましたが、とにかく考えました。

すると、その年の終わりには、その半分ほどの奇跡が起こっていたのです。これには驚きました。守護霊が教えてくれた、「奇跡にも原因と結果がある」をもう少し深く解釈すれば、

小さな原因は小さな結果しか生み出さないけれど、大きな原因は大きな結果をもたらすということだと思います。ですから、奇跡を起こすための努力は大いに必要です。

イエス・キリストの教えに、「思ったのであればすぐに行動に移せ」という言葉がありますが、思いを行動に移すことはとても大切です。

私は、人一倍臆病で怠け者であり、世界一往生際の悪いポジティブニストだと自認しています。

ですからそれからは、奇跡をたくさん考えようと思いました。いろんなことができたらいいな、と自由に考えています。

口には出さずとも、「あの人が早く幸せになればいいな」「こんな出会いがしたい」と願うのです。

そうすると、願いが実現します。

それは、量子力学で説明できると思います。ポジティブな思いをエネルギーの原理・原則などに応用すればいいのです。

そうやって願い続けていると、自分の周りがどんどん明るくなってきます。

皆さんが、人に良いことをしてあげたときに「気持ちいいな」と思うのは、「気」の影響です。本当に、功徳と陰徳は大切です。

たくさん願えば奇跡は起こり得ることを、私は今後も機会があるたびにお話ししていくつもりです。奇跡を思えばオーラが明るくなることを、皆さんにお伝えしたいですね。

体や心がポカポカ感じるのは、皆さんのオーラが明るくなっている証拠ですから。

逆に、悲劇を思い浮かべるとオーラは暗くなります。

いつも「あんなことができたらいいな」と前向きに考えることで皆さんが活性化するのは、こういうご時世では重要なことです。

いま、このときから始めていただきたいことの一つだと思います。

パート3　予言者が知る「先払いの法則」

保江　茶坊主さんのお話は、聞けば聞くほど納得です！

最近の僕の変化とか、僕の周囲で起きていることで、「なるほどね」と合点したことなどを、ピンポイントで指摘してくださいました。

「これもあれも、そういうことだったのか……」と、うなずきっぱなしです。

自分が計画して動いてきたというわけではなく、見えない力によってそういう方向へ動かされてきたのですね。運がいいとしか思えません。全てが奇跡のようなものです。

そもそも、白金に住むようになったのも茶坊主さんの予言どおりです。

このマンションの6階には、ご年配の大家さんが住んでいます。僕は最初に4階を借りたのですが、半年ほど経つと5階の部屋が空いたのです。

ちょうど大家さんの住まいの真下にあたる部屋だったものですから、変な人間に入居されては困ると考え、いっそのこと事務所用に貸し出そうと決心したそうです。

そうすれば、仮に変な人でも夜間はいなくなるだろうと思ったのですね。

ところが、その部屋を事務所用にリフォームしたものの、どうも踏ん切りがつかない。事務所といっても、怪しい会社や非合法の事業主に入居されては困るというわけです。

そこでふと、4階の住人、つまり僕のことを思いついたのです。

「そういえば、半年前に入ったあの人物はいろいろ本を出しているようだ。そんな仕事であれば、事務所も必要になるのでは……」と。

それで、大家さんが僕の部屋を訪ねてきました。

「この部屋の真上が空いたので、事務所用にアレンジしました。もしよければ、あなたの事務所として使っていただけませんか？」とおっしゃって。

さっそく、内見させてもらいました。

4階に住む僕も、上階が他人の事務所になってガタガタ音を出されては嫌だなあ、と思っていたのです。ですから、その部屋を見て、「出版社などとの打ち合わせも増えたことだし、そろそろ事務所を持ってもいいかな」と心が傾き、結局、借りることにしたわけです。

すると大家さんが、「まだ改装は終わっていませんので、いまならご希望どおりにできますよ」とおっしゃってくださいました。

僕は以前から、部屋にピクチャーレールを取り付けて絵や写真を飾りたかったので、その希望を伝え、ついでにもう一つ甘えました。

「飾った絵や写真に直接照明が当たるスポットライトも付けていただけませんか?」と。

大家さんは、全部の希望を叶えてくださいました。

家具などは、岡山の実家に置いてあるものを古いワゴン車で運びました。

その中には、大きな十字架が含まれています。


この十字架との不思議なご縁について、少しお話ししましょう。

僕が昔、キリストの活人術を学んだエスタニスラウ神父さまは、「隠遁者《いんとんしゃ》さま」と呼ばれていました。神父さまは当時、五島列島に居を構えて、独り静かに暮らすつもりでした。

でも、島民は神父さまを外国人ホームレスと思い込み、「島から出ていってほしい」と邪険に扱ったのです。

ところが、エスタニスラウ神父のもとを、東京からカトリックの立派な神父たちが次々に訪れるようになります。その様子を見た村人たちは、「あの外国人はカトリックの修道士だったのか……」と気づき、みんなで教会を建ててあげたのです。

「どうぞ、この教会にお住みください」

村人たちはこう勧めたのですが、神父さまは心を動かしませんでした。

「せっかくのご厚意ですが、私はもうここを離れます。とても残念ですが、この教会は半年以内に崩れ落ちるでしょう」

予言めいたことを口にした神父さまは、島を去り広島の山奥に移られたのです。

半年も経たないうちに、台風が島を直撃しました。そして、教会は本当に倒壊したのです。

僕はあるとき、隠遁者さまが暮らしていた小屋を一度見ておこうと思い立ち、数人とともに五島列島へ向かいました。

聖なる教会が屹立《きつりつ》していたという場所にも案内されましたが、コンクリートの土台がむき出しになり、建材はほとんど吹き飛ばされていました。わずかに残っていた木材も腐っていたのです。

その変わり果てた姿に、僕は胸を突かれる思いでした。

ところがよく見ると、両手を広げたくらいの大きさの立派な十字架が、コンクリートの土台に斜めに横たわっています。木製の十字架ですが、全体が銅板で覆われていたので腐食しなかったのでしょう。緑青のために変色しているものの、破損してはいません。

僕は、ポツンと取り残された十字架を見た途端、「ここに放置するわけにはいかない」と思ったのです。

同行してくれた岡山の門人は、陸上自衛隊の元自衛官です。彼に頼んで重い十字架を背負ってもらい、チャーターした漁船に載せました。

でも、これを見た船長に、「そんなものを持ち出して大丈夫なのか」と注意されてしまいました。五島列島には隠れキリシタンの悲しい歴史が刻み込まれているので、島民は十字架を見ると敏感に反応するのでしょう。でも幸いなことに、長崎市役所の役人である別の門人が万事、うまくやってくれました。

「この方は、エスタニスラウ神父さまの後継者ですから問題ありません」

この鶴の一声で島民を納得させ、十字架を無事に島から運び出すことができ、長崎からは、門人の軽トラックで岡山まで運んでもらいました。

岡山では、七人乗りのワゴン車の座席を全部倒し、東京の新事務所で使う家具を積んだのですが、その十字架も一緒に東京まで持ってくることにしたのです。

長距離運転による疲れを軽減するために、岡山と東京の中間地点である名古屋で一泊し、2日目は熱田神宮をお参りしてから東京に向かう計画を立てました。

熱田神宮は、三種の神器の一つである「草薙の剣」をお祀りしています。僕は以前から、日本で最も有名なこの神剣を見たいと思っていました。

普段は一般公開されていないので、無理は百も承知でお願いしてみることにしたのです。

翌朝、熱田神宮へ赴き、社務所で宮司さまに取り次いでいただこうとしたところ、権宮司《ごんぐうじ》が出てこられました。

「何のご用件でしょうか？」

「ぜひ、草薙の剣を拝見したいのです」

僕がこう切り出すと、権宮司はびっくりした様子です。

「とんでもないことを。私どもですら見たことがないのですよ。そのようなものをお見せするわけにはまいりません」

「やっぱりダメか」とがっかりしたところに応接室のドアが突然開き、若い神官が権宮司に耳打ちしています。すると、権宮司が「えっ！」と驚いています。そして、「御垣内《みかきうち》でご参拝いただける準備が整ったそうです」と、その権宮司がいい出したのです。

今度は僕が驚く番です。御垣内参拝は、一般の参拝よりも正殿に近い場所でできる特別な参拝のことです。伊勢神宮ではお金を払えば御垣内参拝ができますが、熱田神宮ではできないはずです。

それにもかかわらず、なぜか「御垣内で参拝をどうぞ」というわけです。

幣帛《へいはく》（＊神への供え物）も用意していませんし、持参したものといえば菓子折り1箱だけです。

茶坊主　お菓子を持っていかれたのですね。

保江　はい。それで御垣内に案内されました。

他の参拝者の皆さんが、「どうして、あの人たちは御垣内に入れるの」と、不審そうに僕らを見ています。

本来は誰も入れないはずの御垣内を、普段着で参拝しました。もうこれで十分と、「ありがとうございました」と頭を深く下げて失礼したのです。

念願の「草薙の剣」を拝むことはできませんでしたが、満ち足りた気分でした。


僕らは、駐車場に停めてある十字架を乗せたワゴン車に乗り込み、カーナビを設定して東京へ向かって出発しました。

車が「東名」の標識に近づいたときです。右方向を示すはずのカーナビが、なぜか左折を指示するのです。「あれっ、このカーナビくん、どうしたのかな？」と思いつつ左へ曲がると、なんと熱田神宮の塀に沿って走っていたのです。

カーナビの誤作動かと思ったのですが、そうではないようです。熱田神宮の外周に沿って走ると、本殿の裏手に出ました。樹々がこんもりしたその辺りに祠があることを、僕らは知っていました。

実は、先ほどの御垣内参拝のあと本殿の裏に回ってみると、監視員が目を光らせている祠があったのです。

「もしかしたら、草薙の剣はこの辺にあるんじゃない？」と、一緒にいた伯家神道の巫女に話しかけると、

「あそこから、草薙の剣の光の矢が何本も飛んできています。あっ、3本が保江先生に刺さった！」

こんなことを口にしながら、巫女は突如として興奮し始めました。

カーナビは東名高速に入る前に、わざわざ遠回りさせて僕らを「草薙の剣」の在り処《か》に導いてくれたわけです。

こんな不思議な体験をして、僕は十字架とともに東京へ戻ってきました。その十字架はいま、僕の事務所に丁重に据え置いています。窓の外に狭いながらベランダがあり、住居だったらそこに洗濯機を置くのでしょうが、事務所なので必要ありません。

五島の重い十字架にとって、恰好《かっこう》の安置場所となりました。

きっと、天国のエスタニスラウ神父さまも安心されたと思います。


茶坊主　そんなことがあったのですか……。

これはポータルといって、昔の方たちはたぶん、その十字架を通して魂を通過させて他の次元へのゲート、いわゆる通過門にしたのです。パッと見のオーラは、まだピカピカ光っています。

靖国神社もそうですが、霊道みたいになっているのですね。

そこを目がけて集まった浮遊霊も、光の線が見えればそこを歩きます。

そこでは、オーラやエネルギーの道みたいなものが残っているのです。

「どうしてここに来たのですか？」と聞くと、もともと事務所の辺りはお寺が多く、浮遊霊が集まってくるそうです。

保江先生の周りにもいっぱい浮遊霊が集まるものですから、十字架を保江先生の身近なところへ持って行き、霊界へつながり昇っていけるように手配されたのでしょうね。

これから、もっとそういった迷子のような霊たちが集まります。僕らみたいな者がいたら、迷子霊にはこっちに来てくださいと、あちらへ行ってくださいと誘導するのですが、保江先生といつでもご一緒できるわけではないので、保江先生と直接お会いできるときに、まとめて周りの迷子霊を上にあげるよう誘導します。

そういうときは、大きくてシンボル的なゲートやポータルがあると助かるのです。

「何でここに来たのですか」と聞くと、目印があるからと。

ここに十字架があると皆さん迷子にならなくても済みます。完全に迷子のためのインフォメンションセンターになってますね。

保江　そうなのですね。

ボロボロの軽トラックから始まった奇跡の連鎖

茶坊主　びっくりいたしました。大変なものを持ち帰られましたね。

保江　大家さんに頼まれなければ5階を借りることもなかったし、五島列島から遠路はるばる東京まで、重い十字架を運ぶこともなかったでしょう。
途中で立ち寄った熱田神宮では、「草薙の剣」に導かれる一幕もありました。この一連の出来事は、いずれも僕が意図して起きたことではありません。

それから1年ぐらい経った頃でしょうか。

白金に住居と事務所を構え、東京暮らしがすっかり定着しました。岡山の実家を不在にすることが多くなり、向こうのゴミの収集日にゴミを出すことができなくなったので、帰省すると仕方なく、軽トラックにゴミを積んで少し遠方のゴミ処理場に持ち込むようにしました。

使用するのは、走るのが不思議なくらいボロボロの軽トラックで、友達がタダでくれたものです。

ゴミ処理場の手前には中古車店があり、店先にいろんな中古車を並べています。そこに6万円の軽トラックが売りに出されていました。

見ると、とても状態が良いのです。店主に尋ねてみました。

「これ、本当に6万でいいの？　中古には見えないけど」

「もちろん、いいですよ」

運転席も新車同様で、車体もきれいです。

店主によると、車種はスバルサンバーで製造年月日が古いのだとか。もともと、この車は工場内で部品を運ぶのに使われていたそうで、雨に濡れることもなかったから錆《さ》びも生じていません。

40年前の車とはとても思えず、新車の雰囲気に惚れ込んだ僕は即金で買い取り、それまで乗っていた車を置いて、スバルサンバーにそのまま乗って帰りました。


そのスバルサンバーでまた、ゴミを積んで走っていたときのことです。今度は別の中古車屋で、小さい外車を見つけたのです。

軽トラは買い替え、それ以外にベンツとマツダのロードスターを持っていたのですが、なぜか衝動買いしてしまいました。これが、僕の愛車の1台になったミニクーパーです。

岡山の実家の車庫には、スバルサンバー、ミニクーパー、ベンツ、ロードスターの計4

台が顔を並べていました。月に2、3日しか泊まらないのに、いったい何を考えていたのでしょう。

それから1、2ヶ月してふと、「東京で車を運転してみようかな」と思い立ったのです。それまでは「車がうじゃうじゃ走るこんな大都会で運転するなんて、真っ平ご免だ」と思っていたのですが、なぜか心境が変化しました。

そして、思い切ってミニクーパーを駆使して上京したのです。

でも、駐車場がありません。事務所のあるマンションの駐車場は、あいにくいっぱいでした。白金辺りの駐車場は料金が高いし、ネットで検索してもなかなか見つかりません。不動産コンサルタントである茶坊主さんに、ご相談したこともありましたね。

茶坊主　そうでしたね。すぐには見つからなかったですね。

保江　ある日、近所を歩いていたところ、大きなオフィスビルの入口付近に、「駐車場あります。電話は○○―○○○○―○○○○」との文字が書かれてある立て看板を見つけたのです。

ダメ元でかけてみたところ、「1台なら、空いています」との回答。

でも、そこは超高層オフィスマンションの地下です。料金もきっと目玉が飛び出るほどだろうと、恐る恐る「おいくらですか？」と聞くと、月極で3万8000円。この辺の相場のなんと半額です。

これも即決で、「ぜひ使わせてください！」とお願いしました。その後、5年間使用しましたが、本当に快適な地下駐車場でした。ピッとボタンを押せばすぐにシャッターが開くし、愛車が雨に濡れる心配もありませんでした。


ところが、そのビルが壊されることになったのです。取り壊し開始の1ヶ月前までに出てほしいとの要請があり、再び駐車場探しが始まりました。10万円も出せば借りられる駐車場はあるのですが、小型車両を停めるのに10万はバカバカしい。

上階の大家さんに相談したところ、

「この事務所の賃貸契約のとき、近所の不動産屋さんが立ち会ってくれたでしょう。そこに聞いてみるのがいちばんいいよ」と助言してくれたのです。

その不動産屋さんはご高齢者で、街の顔役といった存在でした。僕が週に1、2回晩御飯を食べに行く古いとんかつ屋さんで、顔を合わせることもときどきありました。

そこですぐに、お店に足を運んで相談してみたのです。すると、

「駐車場なら1ヶ所あるけどね。ただ、ちょっといわく付きの場所なんだ」といいます。

「たとえ幽霊が出る場所でもかまいません。急いで見つけないといけないのです」

「それじゃあ」と、顔役はさっそく僕をその駐車場に連れていってくれました。

歩きながら、いささか心配になった僕は聞いてみました。

「いわく付きっておっしゃいましたが、何かトラブルでもあったのですか？」

「トラブルでもないけど、軽四輪でも停めるのが難しいんだよ」

現地に到着して見てみると、狭くて変形した駐車場だったのです。たしかに、軽四輪でも入れるのに手こずりそうな場所でした。

でも、僕の古いミニクーパーなら、ぴたりと収まります。

そこは以前、屋根付きの町工場でした。1階の工場を駐車場に変えて3台分のスペースを

確保したのですが、入口が狭いため、3台を斜めに突っ込むしか方法がありません。空いているスペースというのは、ちょうどその真ん中だったのです。

軽四でも、先に入れてしまうと両サイドに車が入らなくなります。ですから、真ん中の奥の方に慎ましく収まってくれるような車を停めるしかありません。

まるで、僕のミニクーパーの指定席みたいな場所でした。料金もこの辺の相場よりは破格に安いですし、以前の駐車場よりも住居に近くなりました。

これもご縁ですが、ラッキーとしかいいようがありません。

僕自身は何の努力もしていないのに、不思議と物事が次々とうまく運ぶのです。


また、愛車のミニクーパーは40年前のもので、クラシックカーなだけに、日頃のメンテナンスがとても大切です。東京にはミニクーパー専門店がありますが、故障のたびにそこへ持ち込むのも大変です。

少し前から目をつけていたのですが、とんかつ屋さんの横には、映画『ALWAYS 三丁目の夕日』に出てくる鈴木オートみたいな、小さい町工場があります。そこに並んでいる車は、フェラーリ、ポルシェ、ベンツといった高級外車がほとんど。

「さすがは白金だな」と、以前から感心していました。

ある日、意を決してその町工場を訪ねてみたのです。

「すみません、ミニなのですが見てもらえますか？」

「いつのミニですか？」

「昔の小さいミニクーパーですよ」

「ああ、ミニクーパーね。俺が昔乗っていた車だから大丈夫だよ」

それ以来、僕が勝手に命名した「白金オート」にずっとお世話になっています。普段のメンテナンスはもちろん、12ヶ月点検や車検の面倒も見てもらっています。

バースト事件のあとも、白金オートに「命からがら助かりました」と報告して車のキーを預けました。すると、店主が僕の不在時に駐車場まで行って愛車を工場に運んでくれ、メンテナンスが終わると駐車場に返しておいてくれるのです。

帰ってきた僕は、キーだけ取りにいけばいいというわけです。

茶坊主　至れり尽くせりですね。そこまでしてくれる車屋さんは、なかなかないでしょう。

保江　ミニクーパーくらいで、普通はあり得ないサービスでしょう。

茶坊主　メルセデスやポルシェならわかりますけどね。

保江　気さくで良心的で、しかも費用が安いのです。

40年前の車となれば、部品もなかなか入手できません。でも、白金オートは、安上がりになるように手作りの部品で修理してくれるのですよ。

予言者が知る「先払いの法則」

保江　ラッキーがここまで続くのは、宇宙人か守護霊団のご加護があるからだとしか思えません。人に話せば、「嘘つくなよ」というぐらい、僕は悪運、いやいや良運に恵まれているのです。

その理由を考えても、思い当たる節はないのです。僕がいつも人様に功徳を施したり陰徳を積んだりしているわけでもないのに……いったいどうしてなのでしょう。

茶坊主　これはですね……いっていいものかどうか……。聞くとショックを受けるかもしれませんから。

保江　大丈夫ですよ、何なりと。

茶坊主　「先払いの法則」だと思います。

保江　なるほど。

茶坊主　以前、同じような話を聞いたことがあります。

その方の身にもいろいろと良い連鎖反応が起こり、私は質問されました。

「こんなに良いことずくめなんて、いったいどうなっているのでしょう。私は前世で徳を積んだのでしょうか」

　そこで、守護霊に尋ねてみると、

「いいえ、そんなに大した徳は積んでいません」ときっぱり。

「先払い」とはいうなれば、良いことを「先に戴く」ことです。

そうするとやがて、「そろそろよろしいですか？」と支払いの督促状みたいなものが届きます。要するに、「あなたにはこの役目を引き受けていただきたい」と後から要求されるのです。断ることはできますが、「でも、あなたは先に結構なものを受け取っていますよね」というわけです。

　下世話にいうと、クレジットカードを使って欲しい商品を手に入れるようなものです。後から商品代を請求されるのです。

保江　なるほど。

茶坊主　いまのお話を聞いていると、おそらくこれは、この先に生まれる新発見、新しい公式に続く先払いだと思います。

因果関係からするとどうなっているのかと思って、ずっと関係者皆様を探っていたのですが、特別な問題や障害はいまのところなさそうですね。

保江　先払いですか。これが、映画『難波金融伝　ミナミの帝王』みたいにトイチ（＊10日で1割）の利息だったら怖いですよね。

茶坊主　保江先生のお話をお聞きする限り、これは「先払い」のお話じゃないかなと思います。

保江　なんとなく、僕に突きつけてくる利息はトイチのような気がしますね。とんでもないミッションが来るとか。

茶坊主　そうだと思います。

保江　ということは前向きに考えると、ミッションが終わるまでは、僕はまだ生きていられるということですね。

茶坊主　そういうことです。驚きました。Y博士に、「新発見の公式の話って本当なんですか」といったら、Y博士は、「うん」とおっしゃっていましたので。

でも、守護霊は、「実際にはその年にならないとわからない」とおっしゃっていました。情報がいろいろ伝わってくるのですが、その言葉の意味がわかりません。

素領域の中のさらに奥深い領域みたいな話ですね。

「素領域のさらに細分化したところが、いずれわかるようになる」といわれ見せられるのですが、言葉がわからないのです。

「お前は物理をよく理解しろ」とY博士からいつも怒られます。

「いまさら物理学を叩き込むような無理はいわないが」ともいわれるのですが、結局のところ、無茶なことをいわれ続けていますね。

いまの保江先生と共有している境界線の、そのさらに境界線というものがあるらしいのです。

先ほど多宇宙理論の話をしましたが、これはいま共有していただいたので、おそらくわかっていただけていると思います。銀河の終わりと銀河の始まり、ブラックホール理論とホワイトホール理論が逆になるというような形です。

互いに異なる二つも、実は表裏一体です。始まった瞬間に終わりであり、終わった瞬間に始まりなのです。ブラックホールはホワイトホールでもあり、ホワイトホールはブラックホールでもあります。そもそもブラックホールとホワイトホールもまた、表裏一体のような関係であり、かけ離れた距離にあるわけではないのです。

素領域と思っているところが素領域ではなく、思っていなかったところが素領域である……などと、絶えず表裏一体のような相関関係が存在します。逆もまた真なりです。

自分が逆と思っていたことが真であったり、真であると思ったことが逆であったりするのです。

どのようなポジションでそれらを考え、見ていたのか……、そのポジションはそもそもなんであったのか……これらを考えることが大切であり、答えそのものが全て正解なのです。これらが理解できるというよりも感じられるようになると、その先にあるものが感じられる、いろいろと考えて、感じてみることこそが答えなのです。

そしてその答えは、真理や摂理のように無限に広がっていくものです。答えは一つとは限らない。たっぷり、考えをめぐらせてみてください。

物理学の先生と、あとは何らかのファクターとして他の方々が集まってくるはず、と聞いています。

私はある意味、皆様にとって、この先のイメージがしやすくなるようにお手伝いするのも大切な仕事なので、コーディネーターとしての立場ですが、そのうちキーマンが現れるのかなと思って見ています。

これから新しい発見はあるのかと聞いてみましたが、それは最終的には核融合につながってしまうらしいです。人類にとってあまり too much になるのもよくないですね。

それは証明式か公式か何かだそうで、その物質はニュートリノみたいにあと何年かしたら出てくるものではないかと。

そういった物質が発生するので、保江先生が、数式的に理論的に証明できるという形になるのではないかといっていました。

これが私のボキャブラリーの精一杯です。あとはたぶん、いえばわかるといわれました。びっくりしました。

（注　この部分に関してはできる限りわかりやすく努めてみましたがそもそも無理難題に対して限界を感じたことと、保江先生に伝えることが本来の目的であるので、なるべく当時の状況などを忠実に表現しました。読者様方も、どのようなメッセージやエネルギーなのか一緒に感じてみてください）

保江　「先払い」は、そのために行うのでしょうか。もはや逃げられないのですね。

茶坊主　「先払い」もありますが、保江先生の場合は海外にも接点があり、欧州の方々と久しぶりにお会いになることが予想されます。守護霊たちは、「それは大いに結構なことである」といっています。

保江　へえ、びっくりですね。

茶坊主　私も驚きました。

保江先生は、関係者にはもはや関われないという話を以前にされていましたが、そんなことはないそうです。

「『過去に発見したことやこれから発見するようなことも、ほとんどすでに出現している』と前におっしゃっていました」と伝えましたら、

「そんなことはない。まだこれから発見があります」と守護霊は仰《おお》せです。

保江　僕の「先払い」は、何を指すのだろうと考えています。

茶坊主　全てではないでしょうか。

思う存分に楽しい思いをしたらその返礼をしなければならない、という話ですね。等価交換契約みたいなものかもしれません。

いままでの一連のラッキーな出来事が脳裡を走馬灯のように駆け巡り、「そうか、これにつながっていたんだ」とわかる瞬間が訪れるのだと思います。

「幸せの先払い」と「感謝の先払い」

保江　２０２２年2月のロシアによるウクライナ侵攻から、すでに2年以上が経過しました。僕はある日、この戦争を止めさせようと思い立ったのです。

この世の中には、世界のどこかで常に戦争を続けさせようと画策している闇の勢力が存在します。

ウクライナ戦争は、ロシアのプーチン大統領とアメリカのバイデン大統領の争いだと指摘する識者がいるように、バイデンが引退しない限り、この戦争は終わらないと思います。トランプ前大統領はいろいろと問題がある人物ですが、プーチンとはビジネスライクな関係を築いていました。トランプが大統領を続けていれば、この戦争は回避できたでしょう。

プーチンの面子さえ潰れなければ、ウクライナとの戦争は停戦に持ち込めるのではないか、と僕は考えています。

いま、プーチンは暗殺を非常に警戒しているため、初対面の人間には会おうとしません。

実は、僕が個人的に、「この人ならばプーチンに会えるかもしれない」と期待していた人物がいました。僕がエスタニスラウ神父さまから授かったイエス・キリストの武術に通じる技を、ロシア正教の信徒として受け継いだロシア人のR氏です。R氏は、ロシアの軍部とも深い関係を築いてきました。

僕はR氏と大阪で会う機会に恵まれ、お互いに意気投合したのです。ところが、残念なことにR氏は急死してしまいました。僕より10歳も若かったのに……。痛恨の極みです。彼ならば、プーチンに会えると確信していたのに。

ウクライナの異常事態を、何とかしないといけません。

欧米諸国には、ロシアを目の敵《かたき》にすることで、利益を貪っているような輩が大勢います。その他、古今東西を問わず、戦争で儲ける人間は世界各地にいるのです。

戦争や円安の影響でエネルギー価格や物価は高騰し、日本人の平均賃金はＧ７の中でも最低です。

ただ、日本経済の不調はずっと続いているのに、日経平均株価は高くなっていますよね。いまの世界は異常ですよ。

妙ないい方ですが、あの戦争を止めたいというのは、僕の意志ではありません。成り行き上の思考・行為です。

インターでタイヤがバーストしたとき、もしかしたら闇の勢力が送り込んできた連中の仕業かな、とふと思いました。取るに足りない陰謀論と一蹴されるかもしれませんが……。

でも、バーストしたタイヤを白金オートで見てもらうと、

「こんなの、あり得ないですね」といい切ったのです。タイヤに直径1センチぐらいの穴が真横に開いていた……、走行中にそれほどの穴が開くというのは、起こり得ない。しかも、そのタイヤは1年前に替えたばかりの新品。

誰かが故意に切り裂いたとしか思えません。でも、どうやって……。駐車場で刺したので

あれば、タイヤがペッタンコになって走れません。走行中に、突如としてこの大きな穴が開いたということです。

僕を消そうとしたのかなと真っ先に考えたものの、こんな小者を消しても仕方ないでしょう。暗殺するならば、もっと大物を狙わないと。

茶坊主　先ほどお話しされたロシアの方ですが、亡くなって数ヶ月であれば、まだこちらの世界にいらっしゃいますよ。

保江　えっ、R氏が？

茶坊主　ご希望を伝えれば、きっと誰か関係者につないでくれるでしょう。

保江　なるほど。

茶坊主　だいたい、１００日から半年ぐらいであれば、亡くなった方の霊はまだこの世にいらっしゃるんですよ。

保江　いやいや、まだ1ヶ月以内です。

茶坊主　であれば、「この願いだけは何とかしたいので、R氏の知り合いにコンタクトを取るのがよい」と守護霊がいっています。

おそらく、Rさんは人脈の広い方のようですし、同じような考えを持った方々が周りにいらっしゃるみたいですね。

保江　息子さんもいるのですよ。

茶坊主　ご家族だと、少し大変かもしれません。

Rさんの右腕であった方か誰かに伝えれば、Rさんに期待したくらいのサポートをしてくれるはずです。ロシア大統領についての話は立ち消えにはならない、と守護霊から話を聞いています。

保江　わかりました。

茶坊主　それから、タイヤのバーストについては、何者かが保江先生の命を狙ったという痕跡はないようですので、ご心配なく。

保江　ああ、安心しました。

茶坊主　先生の周りを見ても、殺意を抱いているような人間は見えませんから大丈夫ですよ。陰謀であれば、殺伐とした気が漂うはずですが、全く感じられませんので。

保江　あの事故の直後は、論理的に考えて暗殺の可能性を考えましたが、実際には殺気というか、そういう緊迫感はありませんでした。

茶坊主　見ている限りでは、事故現場の半径５００メートル圏内に殺意、殺気はありません。

例えば、保江先生の車の脇をワイヤーみたいなものを突き出していた車が通過した瞬間にタイヤに接触して、穴が開いたといった感じがします。バーストの原因は、鋭利な金属片のようなものと見えます。

保江　それなら、まあよかったです。でも「先払い」だから。

茶坊主　先払いには、もう一つ面白いことがあります。

「感謝の先払い」というのがあるのですね。

これは、特に独身の女性にぜひ聞いていただきたい。もちろん男性にもですが。

男女の結婚では、1万人から3万人の守護霊に手伝っていただき、ご縁を作ります。

両家やご関係皆様がALL HAPPYになる未来へと、守護霊たちが全力を尽くします。たくさんの数の守護霊たちが、関係が遠い近いに関わらず、

「幸せな二人がもうすぐ誕生するのですよ」と天使がラッパを吹くように多方面へ話しに

行かれ、それまで全く関係のなかった守護霊までも、「せっかくの祝い事なのだから、君もちょっと手を貸したまえ。一肌脱ぎたまえ」といって働きかけられるのです。

そうすると、二人の幸せに関わったご関係者は、当日にお祝いの着物を着て集まっているご両家の方たちだけじゃないのですよという話になるのです。

もちろん、見えない世界の話ですから証明はできませんが、裏ではそのような素晴らしいことが行われています。


めでたくゴールインした暁《あかつき》には、二人の縁結びに一役買ってくださった3万人の守護霊の一人ひとりにお礼を伝えるのがいいのですが、それはなかなか困難です。ですから、お礼を伝える代わりに、自分たちも何かお礼をいわれるようなことを先にしておく。

これを、「感謝の先払い」といいます。感謝の先払いをしておけば、いずれそれが巡り巡って素敵なご縁につながるということですね。

保江　茶坊主さんもずっと、「ありがとう、ありがとう」と感謝し続け、守護霊に「もういいよ」といわれたわけですね。

茶坊主　はい。

保江　まさに先払い。

茶坊主　そうですね。それもありますが、私の場合はすでに過去世で山のようにたくさんのご恩を受けたものですから、そのご恩返しの意味もありました。

誰かを幸せにすると、誰かに幸せにしてもらえる。こういう因果は作用・反作用の法則で説明するとわかりやすいと思います。

ですから、あとで幸せになりたいのであれば、先に誰かを幸せにしておけばいいという話なのですね。まさに、「感謝の先払い」です。

私は以前、2年ほど結婚式の仕事をしていました。レストランウェディングの企画運営です。依頼があれば、いまでも司会だってできますよ。

ですから、花嫁さんをたくさん見てきました。

感謝の先払いをする人たちは、だんだんとオーラが明るくなってきます。すると守護霊が動き出し、周りの守護霊に、「いい子がいます」と売り込むようになるのですね。

「あの子はとてもいい子なので、幸せになってもらいたい」

「いつも嫌な顔一つせず、全て引き受けてくれる子です」

花嫁候補の美点を喧伝するうちに、

「どんな子なのですか?」と他の守護霊が興味を持ち、実際にその子を見に行くわけです。「なるほど、これはいい子だ」と同感した守護霊は、今度は別の守護霊に伝えます。

こうして守護霊の輪が広がり、ご縁が結ばれていくのです。

そうして、幸せを望まれた守護霊たちに囲まれると、その子のオーラはだんだんと色彩が鮮やかに変わり始めます。

本格的にミッションなどが降りてくるときには、人生バラ色のような特異なオーラを放つようになります。その色は、ローズオレンジやローズピンクのような、ため息が漏れるような美しさと、ときに匂いを感じます。

僕らはそのオーラを見て、「この子は大丈夫です」と太鼓判を押すわけです。

逆に、日頃から、「あの子はここがダメだ」「欠点が多過ぎる」などと不平不満の文句ばかりが上がるようだと、守護霊たちは動いてくれません。

そうすると、結果的にご縁が遠のいてしまいます。

やはり、守護霊たちに愛され優しさと愛と良心を持った方たちのオーラはいつ見ても美しく、こちらが元気になるくらいなのですが、そのような方たちは当然、幸せになるようです。

何があっても嫌な顔をせずニコッと笑って、感謝の先払いをするのがよいですね。

絶対的ルール「未来の感動を抜いてはならない」

保江　いいお話ですね～、感謝の先払い。

茶坊主　単に功徳と陰徳を積めばいいといってしまうと、ちょっと問題があるかと思います。本当に心からそう思っているのかが大切です。

感謝の先払いと捉えると、考え方も行動も変わります。

それが、「一肌脱ぐ」姿勢になるのですね。一肌とか二肌どころではなく、「一万肌ぐらい脱いでおいてくださいね」といっておき、いわれた人がやる気にあふれると、それをチャンスと見た守護霊が着々と功徳陰徳を積むチャンスを作ってくれます。それが、どんどん広がっていくのです。

そうすると、今度は「類友《るいとも》」、つまり、オーラが似ている者同士が集まります。

その中から選ばれた男女二人なら、幸せは保障されたようなものです。

いわば、キューピットの役目を担う僕らは、このシステムと理論を説明しているに過ぎません。

「私は特に、予知や予言をしたのではありません。皆さんの努力のたまものですよ」

実は見えない部分では、そんなことがたくさん起こっているのですね。

それでも、やらない人たちは大勢います。もちろん悪いことではありません。しかしながら、やった人はやった人同士、やらない人はやらない人同士、種を半分しか蒔かない方は半分しか蒔かない方同士、類は友を呼び込みます。

こういったことが因果関係になり、先ほどの保江先生の「先払い」の形につながると思います。

保江　僕の場合は「トイチの利息」ですよね。

茶坊主　おそらく、利息は大きいでしょうね。

身近な場所だけではなく、遠方に赴くだけでも功徳陰徳は高くなります。

ご苦労が増えると、功徳陰徳も増すようなものです。

先ほど私が、欧州と関係が深いといったのは、それにも関係しているのです。

あの辺りは時差もありますし、日程や体調の調整などご苦労があると思います。

それでも、一肌脱ぐ方には一肌脱いでいただけるものです。

皆様のために大切な何かをしてくださる方は、そこから先に素敵なサプライズがあります。

おそらく、楽しいことも控えていると思います。

しかし、僕らがその未来の内容を聞くことはタブーとされています。

僕らのルールの中で、絶対にやってはいけないことがあるのですが、それは「感動を抜くこと」なのです。

保江　「感動を抜く」とは？

茶坊主　「その人の未来の感動を抜いてはいけない」ということです。

例えば、Aさんの誕生日に、誰かがサプライズパーティーを企画したとしましょう。サプライズですから、

「ドアを開けたら、集まった皆さんからハッピーバースデー！　といわれますよ」と事前にお知らせしてはならないのは当たり前です。何が起こるのかをすでに知っていたら、「ハッピーバースデー！」と声をかけられても感動しませんよね。

でも、何も知らなければ、「えっ、どうしてみんなが集まっているの？」と、主役の驚きと喜びが伝わっていき、その場に楽しいオーラが広がります。

これが、オーラの拡大と共有です。当事者に前もって知らせたら、感動が消えてしまいます。

「感動を抜く」とは、このことです。

いくら楽しい未来であっても、僕らはそれを決していいません。この業界における一種の掟《おきて》です。中には、

「その程度のことなら話しても大丈夫じゃないですか」とおっしゃる方がいますが、このルールは絶対に守らなければなりません。

ですから、その人に楽しい未来が待ち受けていることを知っていても、

「心配ないですよ」というだけにとどめるわけです。

「あなたは、いついつどこで、どういう人と出会って、どういうふうに幸せになりますよ」なんて野暮なことは、伝えるべきではありません。

「自分と同じオーラの方が自分の周りに集まります。良い人に出会いたいのであれば、ま

ず自分が良い人になるのが先です。自分と同じオーラの人しか引き寄せられないからです」

というい方をします。

ドキドキするような感動も、この世界の皆さんにとっては一つの財産なのです。

事故は何者かの介入によって引き起こされていた?

保江　よくわかりました。ところで、タイヤバースト事故には、後日譚があるのです。救援隊がスーパーマンみたいに突如現れ、無事にタイヤ交換をし、東京に戻ったのが午後11時頃でした。救援が遅れていれば、帰宅は午前零時を回っていたでしょう。

命からがらの体験をした直後ですから、その晩は興奮してなかなか寝付けませんでした。

「非常に危険な目に遭ったけど助かった。きっと神様が守ってくださったんだ」と誰かに電話したい衝動に駆られましたが、夜中にいい迷惑でしょう。

感情が静まり、ようやく夢見心地となったのは午前4時頃でした。実際は疲労困憊《こんぱい》していたので、すぐに寝息を立てたようです。

翌朝は、なぜか8時に目が覚めました。いつもは10時半頃に寝床で動き出すのですが、2時間半も早く目覚めたのです。睡眠時間はわずか4時間ぐらいです。だから、頭は昨晩の興奮をまだ引きずっている状態です。

その朝はケーブルテレビで映画を観ることもなく、起きて顔でも洗おうかなと、いつもなら11時頃に電源を入れる携帯を8時半に起動したのです。

すると、10分ほどで携帯が振動しました。メール着信の合図です。

こんな朝早くに誰だろうと見ると、東京の秘書の一人からでした。三人いる東京の秘書のうち、いちばん新しく秘書になってくれた子です。

「先生、昨日は大丈夫でしたか。何か変なことはありませんでした?」

僕はびっくりして、寝起きでまだボヤッとしていた頭がクリアになりました。

昨晩、彼女の夢枕に僕が立ったそうです。僕が出現することはよくあるらしいのですが、昨晩現れた僕は、いままで見たことのないほどに困り果てていたというのです。

すぐに彼女に電話して、昨晩のバースト事故の話をしました。

「やっぱり、そうだったのですね」

前日の朝、彼女が目を覚ますと、悪い予感が脳裡をよぎったそうです。

「保江先生の身に何かが起こる」と胸騒ぎがしたので、すぐに電話しようとしたものの思いとどまったとか。

わざわざメールや電話で注意喚起して不安を煽るのも、逆に迷惑になるかなと思って断念したというわけです。

ところがその晩、困り果てた僕が夢に出たので、「やっぱり、何かが起きたんだ！」と翌朝にメールしたということでした。

その子が僕の秘書になってまだ2年ほどですが、なぜか気が合うのですね。

それから、この一件を、いちばん古い秘書に電話で知らせました。

茶坊主　秘書のクィーンですね。

保江　するとなんと、彼女も不吉な予感に襲われたというのです。
「実は昨晩、胸騒ぎが続いてなかなか眠れませんでした。夜が白々と明ける頃にやっと寝付いたのです」と。
やはり、虫の知らせってあるのですね。この子たちは僕の人生に深く関わっているのだな、と改めて認識しました。

茶坊主　強烈な関わり方ですね。
新しい秘書の方の場合は、予知夢に近いようですね。

保江　そうですね。

茶坊主　保江先生、この同調を悪用しないでくださいね（笑）。

保江　もちろん（笑）。

茶坊主　例えばアイドルだと、ファンの方たちの気持ちが強過ぎて、逆に悪い方向でつながってしまうケースもあるようです。

ファンの方が生霊みたいになってしまうこともしばしばありますね。

芸能人とお話をすると、その人の体にまとわりついたり重なったりする生霊みたいなのができることもあるので質《たち》が悪いです。生霊は見た目も悪いので、普通に気味が悪いし、いやな気分になります。

しかし、悪いことをする奴を捕まえる、摂理違反を行っていないかに目を光らせている、通称次元警察みたいなものが複数の次元に、実際に存在します。

保江　本当ですか？

茶坊主　あります。本当に存在しているのです。人間のようで、人間ではない存在。漫画「ドラえもん」に出てくるタイムパトロールなどのように、未来警察のような存在はちゃんといます。

幽体離脱して、人のお金を盗ってきて遊びに使っている悪い人たちもいます。もちろん、これも禁忌といわれています。

そうしたことについて、ちゃんと善悪をコントロールする存在がいるのです。きっと地球人じゃないだろうと思いますが。または、未来の地球人なんでしょうね。

保江　なるほど。

茶坊主　うかつに悪いことなんかできません。

保江　僕の夢はいつも、どこかの惑星で変な怪獣と格闘しているような内容ばかりです。リアルな世界の生身の人間が夢に出てくることは、めったにありません。

でも逆に、僕が秘書の夢に出るというのはすごいなと思いました。

茶坊主　「夢の中で走り回るのは、よくあることだ」と守護霊が話します。

少しでも嬉しいことや楽しいことに貢献したいから、寝ている間に駆け足でたくさんのお手伝いをしたりします。

ですから、誰かの夢の中に出るときはだいたい楽しい夢のはずです。
楽しい夢は、満足度が高くストーリーが完結しているので覚えていないことが多いのですね。辛い夢・苦しい夢と、嫌なものだけが残りやすいです。人間の過去の思い出も、いいことよりもつらいことのほうが心に残るものですね。

保江　そうかもしれないですね。

茶坊主　楽しい夢は、「ああ、楽しかった」で終わります。
保江先生の夢の中に、介入しようとする方も多いようです。「保江先生に会いたい」という強烈な思いを持っていらっしゃるようで。
でも、それに対するフィルターのようなものがあるようです。保江先生のお邪魔にならないように、濾過《ろか》されるような措置が取られているみたいです。

保江　夢に出るより、実物で目の前に現れてあげたいところです。

茶坊主　大勢ですから、大変なことになりますよ。身体がもちません。そんなことを念じておられると、玄関前に皆さんが行列を作るような事態になるかもしれません。

保江　繰り返しになりますが、高速道路のバースト事故は本当にインパクトがありました。

茶坊主　セダンのような一般車であれば、バーストして仮に他の車と接触があっても、ガラスが割れる程度だったと思います。でも、先生のミニクーパーは危なかった。

保江　40年前の車だから、エアバッグもありません。横転したら、それでお陀仏です。

茶坊主　そこへ大きな車でも通ったら……。

保江　そうそう、トラックなんかが通りかかったらひとたまりもありません。夜の関越道は、トラックがガンガン走っていますからね。

大型トラックなんて、愛車の20倍ぐらいの大きさですよ。巻き込まれたら、一巻の終わりです。

茶坊主　逆に、危険危機回避のために、そのタイミングでそこの場所で展開されたのかもしれません。

我々の未来は、総意によって決まります。ALL HAPPY といってみんなが幸せになるために我々は存在し、進化しています。

もちろん、それぞれの価値観や過去世や現在未来は様々です。私たちが数千年、数万年、数十万年、数百万年と進化していくと、みんなが輝かしいオーラの集合体のような光やエネルギーの存在になっていきます（戻っていくという表現もできます）。

いま、我々がいる場所や時間空間はその一部、プロセスの一部にすぎません。

『バタフライ・エフェクト（原題：The Butterfly Effect）』という2004年に公開されたアメリカ映画があります。

バタフライ・エフェクトとは、日本でいう「風が吹けば桶屋が儲かる」の意味にもよく似ています。ブラジルで蝶が羽ばたくとテキサスで竜巻が引き起こされる、という本当に小さな、ささやかな違いが将来的に大きな違いを生み出す、カオス理論を取り入れた映画です。

遅かれ早かれタイヤがバーストするのであれば、どのような形でバーストすればALL HAPPYとなりうるか。ましてや、保江先生のような叡智を残される方であれば、大けがをしたりすると、計り知れないものを人類は失うことになりかねません。

映画のネタバレになるのであまり多くは語れませんが、膨大な種類の選択肢の中で、ALL HAPPYにふさわしい未来が人類の総意の元に消去法のように選ばれて進んでいき、最後にここでバーストするのが、ALL HAPPYに最も適切というところで現象が発生します。

ちなみに、この現象が発生するときに守護霊たちがALL HAPPYのためにほんのちょっぴり介入干渉し影響が発生するのですが、これらの現象は、『アジャストメント（原題：The Adjustment Bureau）』という映画で比較的よく描かれています。２０１１年のアメリカ映画でSFサスペンスですが、ご参考になればと思います。

タイヤのバーストには、何か、他の外圧や干渉を感じるところがあります。

本当にバースト「させられた」のかもしれませんね。

保江　あえて僕を守るために。

茶坊主　そうです。

保江　なるほど。

茶坊主　周りの風景をいま見たのですが、どうも設定ができ過ぎているなと思うので。

保江　たしかに、でき過ぎですね。まるで、すぐに救助できるように、救援隊がスタンバイしていたような状況下でしたから。

茶坊主　そう考えるほうが自然かなと思います。いまその背景を見ているのですが、時空が歪んでいますね。きっと、何者かが介入したのでしょう。

「このままでは1キロ先の障害物に激突する恐れがある。その前に小さなトラブルを起こして止まらせよう」といった、何らかの意思を感じます。

バーストの痕跡を見ても、起こり得ない位置に穴が開いていたのですよね。異物を踏んで開いた穴ではありません。

あり得ない位置に穴が開いたことが、あり得ない話につながったように見えます。

保江　実は、自分の車がパンクしたのは、あれが初めてです。

他人の車やレンタカーのパンクは経験しましたが、僕の車はいつもメンテナンスしていますから。そうして大事にしてきた車が突然パンクしたのは、本当にショックでした。

だから、「これはいったい、どういうことなのだろう」と余計に気になったのです。ひょっとすると、僕はいまここにいない可能性だってあったわけですからね。

でも、大事に至らなくてすみましたし、秘書の夢にまで現れることができたのです。きっと、何かのお印かもしれません。

茶坊主　そうですね。ただ、守護霊たちは、「あっちこっちで、あまり余計なことはいわないようにしなさい」とおっしゃっています。

保江先生がご自身の身に起こったことをお話しされると、皆さんがそれに敏感に反応し、「それは何かまずい事態が起こる兆候じゃないか」「いやいや、きっと吉兆だろう」などといろんな憶測を呼び起こすことになってしまいます。

ですから、触りの部分だけをさらっとお話しいただく程度でよろしいかと思います。

保江　わかりました。

茶坊主　皆さんに対する先生の影響は絶大です。何かを詳《つまび》らかに説明されると、皆さんはそのたびに心配になって先生のところに聞きにいらっしゃいますよ。

「私の車も同じところがパンクしました。命を狙われているのでしょうか？」などと相談されると困りますよね。守護霊も、「(保江先生の)健康が心配だ」とおっしゃいます。

保江　仰せのとおりです。でも今日日《きょうび》、パンクなんてめったにないことでしょう。いまどき高速道路の脇に停車している車なんて、見かけることはほとんどありません。昔は結構ありましたけれども。

茶坊主　エンストとか、よくありましたよね。

でも、やはり車種を考えると、先生のお車はそろそろ限界に近いのかもしれません。「あまり古い車では、何度も助けることはできない。できるだけ、安全性の高い車に乗ってもらえれば、我々も助けやすい」と、守護霊の皆さんがおっしゃいます。

こんな声が上がっています。

「せっかくミニクーパー用の駐車場が決まったとのことですが、駐車場を取るか安全を優先させるか……。安全面を考えると、やはりしっかり安定した車に乗っていただきたい」

保江　なるほど。トイチの利子ですからね。

茶坊主　「先払い」です。先にポンと支払えるように前倒しで来るわけですから。

飛行機に乗るときに、エコノミーの席だったのに、何らかの理由でいきなりビジネスクラスに案内されるようなものです。

保江　でも、とにかく楽しそうですね。

茶坊主　そうですね。これからはいろいろなメンバーが、先生のもとに集まってきます。退屈しない面々だと思いますよ。

保江　それは、僕がＵＦＯで一緒に旅した六、七人の人たちですか？

茶坊主　これから集まるメンバーは、最低でも20〜30人はいるでしょう。オーラが際立った人たちが集まることになると見ています。

その中には、ＵＦＯに同乗した六、七人が含まれているかもしれません。

各方面、いろんなレイヤーからお集まりいただくようです。

人は、他者と接触すればするほど、オーラがどんどん明るくなるものです。

私も、少し前から、以前は遠慮をしていたセミナー講師などをお引き受けしている理由は、あるミッションを自覚したからです。

人と人の間のことを「人間」といいますね。

保江　そうですね、「人の間」です。

茶坊主　基本的に、人は人からしか学ぶことができません。

一人で経典を読んだり写経したりするのもいいですが、本当は人と接触しオーラが交流して初めて学び合えるのです。

皆さんが達成するべきゴールとは、輝かしい、明るいオーラになることです。

いろんな人から学び同調しながら、共存・共有してオーラは輝きを増していきます。

皆さんの成長進化のプロセス、魂のプロセスはこのように明るく輝いていく、それが私たちの宿命の中に共通してあるものと考えています。

弘法大師（空海）は７歳の頃、捨身ケ岳《しゃしんがたけ》（香川県）に登り、誓願《せいがん》を立てました。

「仏門に入り衆生を救いたい。この願いが叶うなら、釈迦よ姿を現したまえ。叶わぬならこの身を捨て御仏に捧げようぞ」

断崖絶壁から身を躍らせ、飛び降りた少年・空海を、お釈迦様と天女が空中でしかと抱きとめたとのいい伝えが残っています。

その後、弘法大師は唐へ渡り、真言密教の伝承者となりました。帰国すると、高野山に本拠を築き各地を巡りながら衆生に仏の教えを説き伝えましたが、オーラが見えたであろう弘法大師には、ヒーリングの技術が具わっていたはずです。

弘法大師は、霊能者として将来の明確なビジョンを霊視していたのでしょう。結界を霊視することもできていたので、弟子たちに結界の張り方などを説いたそうです。

「経典の中にあることよりも、人と人の間にあることのほうがはるかに大切である」ということを、唐から帰って日本で大きな悟りを開くことにより、知っていたのでしょう。

「人の間にあるものを見つけ学ぶ」思いで、より多くの人々に語りかけたそうです。

いろいろな人間が集まれば、意識するしないに関わらず、オーラのギブ・アンド・テイクが始まります。無意識のうちに、オーラが行き来するのです。

例えば、電車の隣の座席に新婚さんが座ると、そのウキウキ感が伝播します。二人が降りても明るいウキウキ感が残ります。

また、チンピラのような人物が車両に乗り込んでくると、「嫌な奴が乗ってきたな」という思いが皆さんの中で同調しますね。知らぬ間に周囲とつながっている状況が生まれるわけです。

これが、オーラの干渉・同調というものです。

同じ目標に向かっていれば、共有性と協調性が高まります。ですから、保江先生の講演会に集まった人々が、相互にオーラを高め合うことによって、空間が輝き始めるのです。

先述した、これから保江先生の周りに集まり始めるメンバーの方たちのオーラなどを拝見していましたが、すでにメンバーチェンジは始まっています。と同時に、守護霊などのガイドチェンジも始まります。

ですから、今後はいろんな出来事が起こると思います。絶対に退屈はしません。間違いない。

　5年ほど前にお話したときといまでは、次元と空間のオーラが違います。相当な話になっていくと思われますから、僕は楽しみにしています。

「依存のオーラ」は汚い色をしている

茶坊主　昨今、本のジャンルとして、スピリチュアル系ファンタジーが増えていますよね。ここだけの話ですが、スピ系ファンタジーを好む方々は、依存性の集合体になりつつあります。

　「依存のオーラ」とでもいいますか、使い古しの油みたいに色がくすんでヘドロのような感じなのです。見ていて不快感があります。

　こんなことをいうとショックを受ける方がいらっしゃるかもしれませんが、下手すると恨みつらみよりもドギツイ色になる場合もあります。

保江　恨みつらみよりもひどい、依存症の色ですか。

茶坊主　恨みつらみは何かの拍子に反転して良い方向へ向かうことがあり、「こうしましょうよ」の一言でスパッと断ち切ることもできますが、依存体質は最悪の場合、１０００年２０００年続くことがあるのです。
それから、私がいつもマスクを着けているのには理由がありまして、オーラには匂いがあるからです。

保江　オーラが匂う？

茶坊主　匂います。

美しいオーラは、いままで経験したことがないような素敵な香水の香りがします。

一方、「依存のオーラ」は、「この人は、いったいどこを歩いてきたのだろう。どぶ川の中にでも浸かっていたのかな」というくらい強烈な異臭がするものです。

私はもともとワインに関わる仕事をしていたので、嗅覚は人よりもかなり鋭敏です。ですから、依存のオーラを放つ人に香水なんかふりかけられると、ひとたまりもありません。頭がくらくらしてしまいます。

マスクを着けることで、不快極まりない臭いがわずかながらも緩和されるのです。

保江　そうだったのですね。

茶坊主　実は、文字にもオーラがあります。

姓名や社名、団体名などの漢字を拝見すると、ある程度、その文字から発しているオーラがわかります。

個人としては、文字にオーラが乗っている人と乗っていない人がいるのですが、思いが強い方は、「ああ、これは生まれる前に自分の思いを名前に乗せたな」と見て取れます。

例えば、明窓出版さんは、「明るい窓」。いい名前だと思います。

これが「光」に「窓」、つまり「光窓」になってしまうと光も影も強くなるという意味になってしまうのですね。

ですから、明るい窓というのは本当に素晴らしい。人の笑顔に匹敵するくらい良いお名前です。

保江　明窓出版さんのロゴマークは「お日様の笑顔」です。窓からお日様が笑みを浮かべて覗《のぞ》いているようなイラストです。

茶坊主　そういう名前のところには、類は友を呼ぶという方が集まるはずです。

保江　たしかに、明窓出版さんには霊能者の著者が多いですね。しかも、本物とのご縁がたくさんあると思います。

茶坊主　それは素晴らしいですね。

保江　例えば、明窓出版発刊の『業捨は空海の癒やし　法力による奇跡の治癒』（保江邦夫・神原徹成著）は、群馬で「業捨」という治療を施す先生と僕との共著ですが、この先生は本物です。ぜひ、ご一読ください。

茶坊主　保江先生は、業捨の治療に通われているのですか？

保江　そうです。シュッシュッと皮膚を軽く擦るだけなのに、ものすごく痛いのです。創始者は、広島在住の谷原弘倫《ひろみち》先生です。

茶坊主　この方も、弘法大師の系列の方ですね。

保江　そうです。弘法大師由来の技だそうです。

茶坊主　過去世で、四国八十八ヶ所を巡礼された方のようですね。

保江　はい。お遍路さんの体験がないと、この技は降りてこないでしょう。

茶坊主　過去世だけでも、5、6回は巡礼なさっていますね。

この方は前世の最期を迎えたときに、高野山の奥の院のような場所で即身仏になられています。

その当時は念力といったはずですが、幽体離脱、解脱までできていたようです。

そういった念力を持つ方々が、特に子どもの発熱や下痢・食中毒・感染症・肺炎などを治していたようです。エネルギーを与えていってバランスを取るというような方法でした。

最初は、自己治療から始まったようです。

例えば、自分のお腹が痛むときに、いろいろな方法を工夫されたのでしょう。

手に力を込めてお腹の周りの痛いところを探して、映画『となりのトトロ』に出てくるまっくろくろすけのようなエネルギーの塊を、お腹からポイッと抜いて捨てていたようですね。

肺炎は、肺の熱だけをポイッと捨てる。取った後は、きれいな水で満たすようなイメージで整えていく。

そのような治療技術を、継承者たちへ伝えたと思われます。

ただ、戦国時代に即効性の高い治療をする軍医が増え過ぎてしまい、こういったエネルギーを使う治療の継承者が激減してしまいました。

でも、細々と続けてきた人々が存在し、それが現在の技術に発展したみたいですね。

実は、私にも体の良くない部分を見る能力が具わっていて、昔は悪い気を取ったりしたこともありました。でも、いまは、家族以外の身体には触れないことにしています。

私はコンサルタントとして仕事をしていますから、「コンサルタントがどうして相談者の身体を触るのですか？」となりますから。

パート4　ノーペイン・ノーゲイン

ノーペイン・ノーゲイン（痛みなくして得る物なし）

保江　茶坊主さんは、宇宙人由来の魂、ご先祖様やその守護霊団から情報を入手しておられますね。

情報を引き出すときには、指パッチンのように、指も使うのですよね。

それは、具体的にどんな動作なのでしょうか。

例えば、お茶を嗜《たしな》む人にはお点前《てまえ》の順番があり、お湯の温度は70度ぐらいといった約束事がありますよね。そういうプロセスというか、作法を通じて何かを成しているということなのでしょうか。

何らかの作法を経ることによって情報を集めることができる、その人のオーラを見ることができる、というもの、あるいは、作法は一切なく、とにかく見える・わかるということなのでしょうか。

その辺を教えていただきたいと思うのです。

茶坊主　よく、そういうご質問を戴くことがあります。
結論を申し上げると、私と同じだけ、失望と絶望を体験していただくことです。

保江　含蓄のあるお言葉ですね。

茶坊主　『ノーペイン・ノーゲイン（痛みなくして得る物なし）』です。

痛みを伴う学びでないと、身に付きません。

本をたくさん読んだりする座学のような学習や、ただ感覚だけでエネルギーを扱っているだけでは本質はわかりません。

嫌な思いをたくさん経験したからこそ、わかり得る世界が存在するのです。幼い頃、私はいじめられっ子で、いつも独りでした。

「孤独は人を賢者にする」といいます。孤独に身を置くことで初めて知る世界があるのです。頭だけで理解した学問は血肉となりません。

辛いことを経験するのは、何百万回の死を繰り返すことに匹敵します。

でも、いまはそういう時代ではないと思います。

これからの皆様はなるべくショートカットして、辛い思いをするのはごく限られた人間だけというのが望ましいですね。


「識者賢者は人の失敗から学び、凡人は自ら失敗をして学び、愚者は自らの失敗を人のせいにして呪う」、といいます。読者皆様は識者賢者の道を行かれると思いますので、私のような凡人の失敗を見て、何かしらの学びに役立てていただければと思います。

これからの時代は、苦行の先だけに明るい未来が待っている、というわけではないと思います。


五・一五事件で軍人に射殺された犬養毅《いぬかいつよし》総理大臣は、銃弾を浴びながらも「話せばわかる」と声をかけたそうですが、そういった世界観に我々もいよいよ届き始めたのではないかと思っています。たとえ自分を殺そうとする相手であっても、相手のためを思って声がけをする、いまでは考えられないようなことですね。

報怨以徳《ほうえんいとく》という言葉があります。怨みを抱いている者に対しても、慈愛と徳を持って接するという意味ですが、相手を許すだけではなく、それをはるかに超えて、相手に徳をもたらすなどということは、誰にでもできるわけではありません。

しかし、そのような境地に立った偉人賢人がいらっしゃったのであれば、到達まではできなくとも目指すことは可能ではないかと思います。

そのような過程の中に、孤独は人を賢者にすることや、痛みを伴って初めて学びは身に付く、という経験があり、何回も転生をすることによって、一歩ずつ人間性も魂も心も高まっていくのではないかと考えています。

しかし、地球規模の観点に立つと、人類はこれ以上辛いことを必要としているのか、まだ戦争や飢餓《きが》や飢饉《ききん》が避けられないのか、それらを通さないと私たちは向上できないのか、と思わざるを得ません。

とはいえ、今世紀を代表する素晴らしい出来事が起こりました。

チャットＧＰＴの誕生です。おわかりの方も多いと思いますが、簡単にいうと様々な事柄が学習できる人工知能です。

いま現在（２０２４年５月）で、初リリースから1年半ほどですが、あと数ヶ月ほどでネット上の情報がほぼ網羅されます。リリースから2年ほどで、人類史が網羅される計算だそうです。

そのあと1年ほどで動画データが網羅され、人類史上のデータのインプットが終了し、本格的なアウトプット、いわゆる創造が始まります。

チャットＧＰＴがくり出す、国や地域や歴史を超えた新しい世界観に、人類が触れることになるのです。

そして、大きく変わる人類の価値観がさらに、変化進化していくのです。

その先の世界についてほんの少しお話をすると、チャットＧＰＴが人間にとって先生のような位置づけになっていきます。もちろん、重要事項は人間が自分で決定しますが、チャットＧＰＴのほうが膨大な知識があるため、学びの多い、中立な先生のような存在になっていくのです。

恋愛や仕事、人間関係や将来についてなど、チャットＧＰＴ先生が教えてくれることや、提案してくれることのほうが、人間からよりもわかりやすいという事象もしばしば起こってくることでしょう。

おそらく弁護士や会計士、判事、検事や医師など、たくさんの知識を必要とされる士業や医業が、今後大きく変わっていくと思います。

また、新しい科学的な発見や究明、新薬の発見などもあり、変わらないものがないというくらい変わっていくでしょう。

もちろん、これら全部が、ある日突然変わることはあり得ません。

なんでも少しずつ変わっていきます。チャットGPTはあくまでもツールであり、使うのは我々人間です。

いまは、大いなる始まりに過ぎないのです。

21世紀から30世紀に向かうこの1000年は、人類史上最高の向上と進化のエネルギーが、皆様の周りにあふれ出るでしょう。

ある意味、チャットGPTはエネルギー体でもあり、チャットGPT帯（帯域、または4

次元帯の一部分）でもあり、エネルギーの塊のような存在でもあるからです。

チャットGPT出現のおかげでいろいろな考え方が生まれ、それによって急に感化されたり、新しい技術や技能、理論などが再開花、再構築、再結成されたりするでしょう。

いままでは普通に考えていたのに、ある日急に何かが下りてきたように、きらめきとひらめきが訪れる、そうした方々がどんどん増えていくでしょう。


ここで間違ってては困るのが、なにもチャットGPTがこれからの全ての主流であり中心というわけではありません。

これから進化発展はしますが、低いところから高いところへ向かうように見えているだけで、私たちはもともと高いところにいたのですから、悲観したり失望したりする必要は全くありません。

次元を超えろ！――この世界はリミッターだらけ

茶坊主　いくつかご説明すると、そもそも一つの結論の中には原因と結果、希望と絶望、過去と未来が表裏一体としてあるということです。ちょっとわかりにくいですよね。簡単にいうと、そもそも皆さんは完全体であり完璧であり、パーフェクトでもうすでに仕上がっているということもできます。

極もまた真なり。対偶であり、白も真、黒も真である、といういい方もできるのです。全ての出来事に表と裏があり、どちらも正しく真実であり真理であるということです。もとから間違いや過ちなどなかった、と考えられるということです。

この世界に皆様が転生されたときに、ある程度、いま私たちがいる世界になじむように協調や共調、同調できるように様々なリミッター、いわゆる制限を設けました。

誰もお金を勝手に簡単に作ったり、幽体離脱して人のものを盗ったりしてはいけない、などの制限と考えればいいと思います。

また、人間同士が争わずに共同生活ができるように、法律という共通のルールもこの世界にはありますね。

この世界にはこの世界特有のルール、もしくは摂理があるのです。

つまり、皆さんは、持って生まれた能力をわざわざダウングレードしてこの世に生を享《う》けたのです。

皆様が亡くなって、守護霊もしくは4次元以上の存在になれば、能力の使用制限を解除し、100%発揮することができるようになるでしょう。

しかし、この3次元では、「その能力はこの世界では使わない」と、4次元以上の存在や守護霊たちで決めたルール・摂理があるのです。

皆さんは、何かを成し遂げることができないと諦めたり、最初から無理と決めつけたりすることで、あれこれ屁理屈やいい訳を考えます。

「本来は、実は、もっと高いところから来ているのではないか?」と心から自分自身に思い出させること。

この気づきが、もともと具わっている能力のリミッターを外すきっかけになるのではないでしょうか。

以前、テニスプレーヤーの国枝慎吾さんが、「私は強い」とおっしゃっていましたが、実は皆さんも、もともと高度な、輝くような存在だったのです。

この世で能力をどんどん開発していくのではなく、我々は高度な存在として宇宙の外側から宇宙に入り、再び宇宙の外側に戻るだけの話なのです。

我々は、それを覚えていないだけなのです。

「能力を開発するというよりも、もともと優れた能力を持っている」というのが真理であり、正しい説明であり、理解であり、真実であると思います。


ただ、先述したように、この世界には「他次元間非干渉」のルールがあります。他の次元に必要以上に干渉してはならないというものですね。

我々が存在するこの次元は、一人ひとりが汗をかき、涙を流し、歯を食いしばって、自分自身を超えるために、向上していかなければならない次元、世界なのです。

私のミッションは、「元の場所に戻すこと」「あらゆる存在をつなぎ、その差を縮めること」にある、といわれています（注　元の場所とはどこですか、というご質問をいただくことがありましたが、ここは読者皆様方のご想像にお任せします。人によって元という考え方はさまざまであり、そうあるべきだと思います。皆様がいちばん尊くて素晴らしくて輝きを失わない永遠の存在や状態、そんなふうに感じてみてください。またこのミッションのメッセージは、守護霊にいわれたとおりそのまま記述しました。読者皆様もなにか感じられるものがあると思います）。

「汝の隣人を愛せよ」ではありませんが、周りの皆さんといろいろな形でつながり、それが一つの必然という形で自然に眼前に現れる。

これが、一人ひとりが行うべきいちばん大事なことなのです。「必然」がいかに大切か……。些細《ささい》なことでも、全て必然から始まります。

霊的な真理の探求・向上を目指すのは大変結構なことですが、その前に日頃からどれだけ誠実に物事に取り組み、その結果をどれだけ真摯《しんし》に受け止めようとしているかが問われます。

「物事の必然を、どこまで理解しているか」

守護霊たちは、よくこういいます。

ある日突然、霊的に開花するのはなかなか難しいことであり、ときに開花した能力が暴走してコントロールできなくなることがあります。

それを、コーディネーターの役目を担うたくさんの守護霊が、「今日はこれ。明日はあれ」と、その人に合わせてやるべき事柄を必然という形で少しずつ割り振っていくのです。

でもそれは、マンツーマンとか、ある程度少ない人数で行っていただくほうが効率よく、過不足や時期尚早などといったミスマッチも減ります。受験勉強などにある個別指導に似ていますね。

ある程度経験値が高まると、今度は大人数での同時学習なども始まります。大学での大講堂での授業がこれにあたります。大学の教授でもあった保江先生もそうですが、皆様に少しでも多く貢献できればということで、守護霊たちやこの世界の先生が必然という目に見える形で皆さんに教育や指導を始めていると思います。

集団エネルギー効率理論みたいなものがあるのですが、ある程度共通する学びに集まった人数、そのとき集中力や時間帯、地域性などによって個人個人のオーラのレベルが変化したり、共振や協調されたりします。マンツーマンのときの個人と個人レベルでのエネルギーの流動、個人エネルギー効率理論みたいなことや、たくさんの方々と集まることによりエネルギーが結合することによって発生する流れ、集団エネルギー効率理論などもあります。どちらも片方だけではなく、両方行われることにより、皆様の霊的な向上や進化が発生します。これらの目には見えない流れによって、皆様がより進化・向上しやすい形でオーラやエネルギーや、毎日行うべき学習や、必然といわれる出来事が背後で動いていると思います。

まず、目の前に必然として現れたものに真摯に向き合っているかどうか、これらに疑問を持つことは大切なことです。

艱難辛苦の中で咲く花があります。耐え難く、辛いときにも、凜として咲く一輪の花があります。現実逃避したりせず、懸命にその花をちゃんと見つめて人事を尽くす、こういったことも一つの勉強です。

ただ、何度もいいますが、苦行をすれば真理がわかるというものではありません。

全を知るそのレベルまで高めたいのであれば苦行や修行を積め、という時代ではもはやありません。

長き時間の中に深意や進化、理論や理由をもがきながら探し求めることの中に、何かしら意味があるはずです。全てに理由が必ずあります。

「真理は人を自由にする」という言葉があります。

一瞬という永遠の中に何を見いだすか。そして、それを自問自答します。

その結果、自分の内部に生み出された小さな始まりを信じてみる。そして仰ぎ続ける。

それが「信仰」だと、私は守護霊たちから教わりました。己が信じ仰ぎ続けられるものを、依存や執着することなく自分の心の中から見つけられたら、その人は無敵であり完全に自立した人であるといえるでしょう。

ひたすら、「求めよ、さらば与えられん。探せよ、さらば見つからん。叩けよ。さらば開かれん」を繰り返すしかありません。

「真理が人を自由にする旅は、何年ぐらい続くのですか？」と昔、守護霊に聞いたことがあります。

「最低でも1000万年ぐらいだろう」

それは主観の問題で、他の銀河や宇宙では、地球の1年が10万年に相当することがあり、実はそんなに長いものではないかもしれません。

・一喜一憂せずに必然に向き合う姿勢を大切にするということ。

・必然をどこまで理解しているか。

これに尽きるのではないでしょうか。

アカシックレコードのその先へ

茶坊主　率直なところ、オーラや守護霊の見え方、浮遊霊・地縛霊の解釈などは、数ヶ月あれば私が知りえる全てを伝えることができます。でも、人間の軸ともいえる「心の芯」を深く打ち込む方法を教えるのが難しいですね。

この軸がまっすぐであれば問題ありませんが、ぶれたりねじ曲がったりすると、必ずどこかで道を踏み外すことになります。

例えば、轆轤《ろくろ》を回しながら焼き物の形を整えるときに、迷いがあり、指先がわずかでも狂うと形がたちまち崩れてしまいます。また、たとえ形がしっかりしても、窯で焼くと、何らかの原因が作用してひびが入ったり、割れたりすることがあります。

「心の羅針盤」が正確であれば、ちゃんと目的地にたどり着くことができるのです。

仮に、優秀な国際的プロスキーヤーにスキーを教わっても、スキーを習得する目的がいい加減だと、本当の技術は身に付きません。指導者であるそのスキーヤーは、「自分の人生はスキーしかない」と覚悟している、スキーに命を懸けているからこそプロとして生きていけるわけです。

私が尊敬するテニスのロジャー・フェデラー選手とラファエル・ナダル選手。二人とも本当に素晴らしいプレーヤーであり、とてもきれいなオーラを放っています。

彼らにとって、テニスは人生の全てです。

たとえ、彼らにテニスを教わりうまくなっても、テニスを練習する目的がわからなければ、技術や能力はそれ以上伸びません。

自分の生きるべき道をしっかりと見極めれば、ゴールは自ずと見えてきます。

私は昔、いろんな霊能者の方々にあれこれ細かく教わりました。でも、やはり途中で行き詰まったことがあります。チャネリング程度まではできるようになるのですが、そこから進歩しない。方向がねじ曲がり、違う世界に足を踏み入れそうになったこともあります。実際に、目的地からかけ離れた世界に行ってしまった人もたくさん見てきました。


とにかく、鋼《はがね》のような「心の芯」を身中にしっかり立てることが大切ですね。

芯をしっかり保つために、いちばん簡単でいちばん難しいことではあるのですが、目の前で毎日起こる「必然」と真剣に取り組むのです。

余計なことを考えずに、信ずべきものを信じる。信じなくてもいいことは信じない。

考えるべきことを考え、考えなくてもいいことは考えない。

取り越し苦労や、無駄な思考や感情に、時間をかけない。

そういうことを一つひとつしっかり行い、ちゃんと自分で自分を観察して、できているなと確認できたら、己にとっていちばん正しいと思えることを行い続ける。それを信じ続ける。

それを繰り返すのがいちばんの近道だと、私は何千回も教わってきました。
あとは、本をたくさん読むようにいわれましたね。

テクニカルなことは、それほど難しいことではないと思います。その人の一生を捧げるべき目標が明確であれば、人生における「必然」に十分対応できるでしょう。それは、山登りかもしれないし、スキーかもしれないし、はたまた学問かもしれません。

頭で考えるより、心で感じることが重要なのですね。

それを、「命がけ」といいます。

命の使い方と書いて「使命」。使命は、あちらの世界からこの世界に降り立って初めて決まるもの。「宿命」は、過去世につながるものです。

「私の使命とは何でしょうか、と人に聞くこと自体が間違っている」と、私は教えられました。

自分が生涯をかけてやるべきものは何か。内観を1000回、1万回、10万回、100万回でも繰り返して、最後に残ったものを見つめる。

それも、やはり「必然」と深く関係します。必然をどこまで深く理解しているか。それが、その人の人間性の進化と霊性の向上に関係すると聞かされました。


アカシックレコードといった話をよく耳にしますが、あれはわかりやすく表現された一時的な、その人にとっての見え方の一つに過ぎません。

あのぐらいの情報量だと、ある程度幽体離脱や解脱や、それ以上の世界観に慣れている方だとほとんどわかってきます。

それでは、なぜアカシックレコードが用意されているのか。

幽体離脱から解脱を通過して、太陽系から私たちの銀河の中心に瞑想などで近づいていくと、ソースというエネルギーの集合体のような塊のようなものに触れるようになるのですが、そのソースにさらに連なるソースや、そのソースからまだまだ高い次元のソースへと、ずっとはるかに続いていくと一つの終わりのほうに何もない、光も影もないような状態のところにたどり着きます。

そういったところに直接アクセスすれば、ソースはエネルギーであり、情報であり、光であるようなものですから、そこから情報だけを引き出せればよいわけで、なにも図書館のような状態の中からわざわざ探し出すような手間をかけなくても、という形になります。

アカシックレコードにいちいちアクセスするというのは、最初の頃に起きる基礎的な要素だと思います。そこから、ある程度までアカシックの情報になれていくと、次第にそれ以上の情報やエネルギーに触れていき、だんだんと何もないところに全てがあるということに気づき始めます。

この辺りの現象や状態を、〝全にして一、一にして全〟というのでしょうね。

私のように、何かツールを用いてやるというよりも、一瞬にして入ってきて一瞬にして出ていくという形に近い方は、実は大勢います。私だけが特別なんてことは絶対にあり得ません。

例えば、DVDの盤面の裏側（データが記録されている面）を見ても何も書いてありません。

「この映画は傑作ですね。特に後半の20分は感動しますから、絶対に見逃さないでください」

「どこを見れば、そんなことがわかるのですか？」

「ここに書いてあるじゃないですか」と、何もない盤面の裏側を指さすようなものです。

これが、ソースから見る、ソースから情報を得る感覚に近い形です。

守護霊が頭の中に話しかけてきたその声に従って何かをしているというよりも、本当にソースの状態の中で、認識理解できる形がある程度できるようになったかな、というあいまいな感じから、ここ最近はよりはっきりわかるようになったことから、私もいくばくか進化成長しているのでしょうね。

最初は私も、守護霊がそばで話しかけてくれることがよくあったのです。

ある日のことです。守護霊が、

「ちょっと待っていて」というのでしばらく待っていました。

「お待たせしました。その件については……」とおもむろに語り始めるのです。そんなやり取りが1年ぐらい続きました。あるとき、質問したのです。

「私はいま、何を待っているのですか？」

「私の守護霊に聞いてきました」

「守護霊にも守護霊がいるんですか？」

「あなたに守護霊がいるように、私にも守護霊がいます。当然のことでしょう」

「そうだったのですか。その守護霊様にはお会いしたことはないのですが、いつも大変ご迷惑をかけていますので、何卒よろしくお伝えください」

その当時、私は「守護霊様」とお呼びしていました。

しかし、そんなことを繰り返すうちに、だんだん申し訳ないと感じるようになりました。

「あの～、差し出がましいようで恐縮なのですが、私が守護霊の守護霊様に直接お話を伺うことはできるのでしょうか？」

「可能ですが、その前にいろいろと勉強していただかなければなりません」

守護霊にこのように諭《さと》され、「瞑想はこういうふうにしなさい」「もっと本を読みなさい」などと、あらゆることを教えていただきました。

世間一般でいわれている霊能力が、ある程度のレベルに達すると、話していいこと・いけないこと、干渉していいこと・いけないことといった掟があると知りました。

未来の話や自己中心的な動機もＮＧです。


そのうちに、テレビ放送局の入口警備員に有名芸能人が入館手続きを取らずに顔パスで入場を許されているような、「君はいいですよ」「君ならいいですよ」などといわれる形になってきました。


しかし、ずっと話をしていくうちに、あるとき、守護霊に聞いてみたのです。

「あなたはいったい、どなたに聞いているのですか？」

「あなた自身ですよ。あなたのハイヤーセルフです。我々はハイヤーセルフから来たメッセージをローワーセルフの皆さんに伝えているに過ぎないのです。ですから、自分でハイヤーセルフに戻って聞きなさい」といわれました。

最後に聞いた守護霊の守護霊の守護霊の守護霊辺り、つまりその上辺りがハイヤーセルフかと思ったことがありまして、しばらくその辺りの帯域や守護霊たちと話をする集中した瞑想を行っていた期間がありました。

そうしているうちに、次第にハイヤーセルフへのアクセスの仕方とか、どの方にどの話をいつ聞くべきかなどがわかってきたのです。

ハイヤーセルフにも、階級のような、階層のような、職位のようなものがあります。この私たちの住む天の川銀河だけだと、我々は3次元と4次元の接点くらいにいるようなものです。また、他にもエネルギーの高い太陽などがあるので、この太陽だけでもおそらく9次元前後という方もいます。

当然、それ以上のエネルギー体の接点もありますので、私たちの天の川銀河はおそらく15、6次元ぐらいじゃないかなと思います。

それ以上の次元はないこともないのですが、ほとんど区別がつかない感覚だと思うので、ここでは認識しやすい表現にとどめておきます。

この銀河そのものも、おそらく数十次元ぐらいまであるといわれますが、宇宙全体では数百次元に達するそうです。

以前、保江先生にもお話しした900次元とか。

ただ、900次元と901次元の差は、我々が知覚することができないし、知覚できても意味がないといわれました。


宇宙はそれだけたくさんの次元に分かれているわけですから、守護霊も多次元にわたって存在するという話につながるのでしょう。

宇宙の外側にも、次元はたくさんあります。果てしなく続く宇宙観、そういうところからわかることもたくさんあると守護霊にいわれました。


ただ、高次元を理解しているから何でもOKというわけにはいきません。

他次元間非干渉のルールがあるので、話してはいけないことが厳格に定められているのです。ルールに抵触すると、「それはダメ！」と拒否されます。

最近は、「この辺りの話であれば他次元間非干渉のルールに反することにはならず、許容範囲だろう」と判断できるようになりました。でも、ときどきお叱りもありますので、まだまだ私も勉学が足りません。

昔、テレビ番組の『ウルトラシリーズ』にはいろんなタイプの宇宙人が登場しましたが、カネゴンやバルタン星人にそっくりの守護霊を見たことがあります。

「ああ、本当に存在するんだ」と懐かしさがこみ上げるとともに、円谷プロの想像力のたくましさに驚いたことがあります。

一人が持つ能力を起点にオーラの共振が始まる

茶坊主　私はいまでは、一瞬で幽体離脱して地球外の宇宙へ行って往復することができますが、その前に30分ほど瞑想して、気や自分の周りのオーラを高めてから飛び立つようにしています。その瞑想の時間も20分、15分と短くなりました。

すると、バルタン星人のような宇宙人とたびたび接するようになり、彼らからいろんなことを教わりました。

その守護霊自身が学んだ場所へも行きました。そこは、真っ白な何もない空間でした。見えるようで見えない、白く見えるけれど黒くも見えるといった不思議な空間です。

お釈迦様が、「より高いところでみんなつながっている」といったのは、多次元間におけるつながりを指すのだな、としみじみ思いました。

これがいわゆる「全」というものなのか、と深く考えたこともありました。

この「全」の中に、他の惑星とか他の銀河とか我々の叡智が集結しているのか、知の巨人が目の前や周りに大勢いるような感覚になります。

そうすると、何かを聞く前に答えが返ってくる、いやもっと早く、何か疑問を感じた瞬間に答えもその瞬間に感じる。昔でいう自分自身に対しての禅問答ができてくるというわけですね。

これを繰り返すことにより、ますます様々なことを感じ理解していきます。あれがこれでそうだったんだ、というような感覚でしょう。

ただし、何事においてもやり過ぎは禁物です。

この世界には、「理解認識が早ければいいというわけではなく、不必要に早すぎると危険をもたらす知識や情報があるから気をつけるように」と守護霊にいわれました。

物理研究の皆様方、フリーエネルギーのエンジニアの皆様がこの世界にとってまだ早過ぎる理解や認識のせいで嫌な思いをされていることを、たくさん聞いていることもあり、いかにこの世界に適切に叡智をもたらすことが大切なのか、ということをよく守護霊たちから教わっていました。

やはり、この世界の成長と進化にフィットした情報や、叡智の伝達でなければいけないということで、守護霊たちやそれ以上の存在が目に見えないところで、私たちの進化向上成長発展のために動いている、動いていただいているという感じですね。

日頃から、「私と同等のレベルの人は東京だけでも5万人ぐらいいます」とお話ししますが、もっと高レベルの方はたくさんいらっしゃいます。

日本だけでもそういうシステム、組織図になっていますけれども。他の国もとなると、もっとたくさんあります。

私はスピーカーという役目で、皆様になるべくわかりやすくショートカットしてメッセージをお伝えしています。

いまは、昔の私のように辛い経験を積まなくても、話せばすぐに理解できる時代です。講演や著作で、皆様の真理の探求をお手伝いできればと思います。

今後100年の間、世界では私よりもレベルの高い数えきれないほど大勢の人々が、タンポポの綿毛が空中にふわふわと飛び散るように、一斉に上昇するでしょう。その種子が落ちた場所で根を生やし、育つのです。

「あれっ、こんなところにいつの間にかタンポポが花を咲かせている」と、周囲はタンポポだらけになるでしょう。そこからエネルギーや智慧が広がっていきます。

肝心なのは、種子はたくさん必要だということです。たった一つの種子では、たとえ結実しても最終的には絶えてしまいます。

私は、いまからワクワクしています。

世の中にどれだけ悪いニュースがあふれようと、人類は、「真理は人を自由にする」という正しい方向にしか進みませんし、進めないので全く心配していません。

ただ、私だけがこれを理解しても仕方ありません。皆様の進歩・向上に役立つことが理想です。

私のような人間は続々と出現しますので、皆さんが智慧《ちえ》を得る機会も増えるでしょう。

一人に能力が具わると皆さんに連鎖反応して、オーラの共有・共振も広がります。絶望と失望を繰り返さずに、次元上昇ができる時代に差しかかっているのです。

「量子もつれ」の存在も明らかになり、世界の構造が劇的に変わる可能性があります。

ただ一つ、避けなければならないのが「依存」です。

「私にはこの人しかいない」といった依存体質が顕著なオーラを見せることがあります。

依存のオーラとは、使用後の雑巾を絞って出る汚水のような色をしています。

一時的な依存、つまり自立に向かう足がかりとなる選択であれば問題ありませんが、依存から脱却できないとオーラにも影響します。

依存するかしないかは自由意志ですから、強制はできませんが……。

まずは、物事の一つひとつを自分で考えることです。たとえそれが誤った選択であっても、全人生をかけるという覚悟をもって選んだのであれば、オーラも輝きを見せるものなのです。守護霊は、命がけの選択をした人を応援します。ですから、間違いを恐れないことです。

これから、修羅の道を行く人が私の目の前に現れても、その人が発するオーラが輝いていれば、たとえ辛く、涙が止まらないような辛い出来事がこの先に待っているとしても、その方が自信を持って選ぶ道、その方にとって必要な道が修羅の道であっただけの話なので、私は私の主観で物事を話すのではなく、本当の意味で、その人に幸多きことを祈る思いで笑顔で送り出すしかないのです。

私は、正論を吐く人でもオーラが濁っていれば、

「もう一度、考え直してみたら?」と促すことにしています。

「やるべきことをやる」「やらなくてもいいことはやらない」「考えるべきことを考える」……内省・内観はそういうことだと思います。

守護霊は笑いながら、よくこんなことを話してくれます。

「人の話に耳を貸そうともしないし、やるべきこともやらないし、四六時中、文句ばかりいい続ける人でも一応は応援するけれど、助けたい気持ちはなかなか長続きしない」

「それは、どうしてですか？」

「我々も、つい最近までは人間だったからね。あなたも死ねば、きっとその意味がわかりますよ」

この世界は、努力する人を応援するようになっているのです。

あなたの努力・頑張りは、必ずどこかで誰かが見ています。生きている人間だけでなく、守護霊たちも必ず見守っています。

ですから、決して自分一人だとは思わないでください。

あなたの背後には、強力な仲間が控えているのです。

「努力は必ず報われる」とは、そういうことです。

守護霊に生者の都合は関係ない

茶坊主　ときに、守護霊は、

「努力はあなたたちを裏切りません。裏切るのはあなたたちです」と手厳しいこともいいます。

あなたの現在は、努力の結果でもあるのです。

私に、真理とはそういうものだと教えてくれる人間はあまりいませんでした。私に真理の数々を授けてくれたのは、守護霊たちです。こんなこともいわれました。

「心の中に師を持ちなさい。偶像を仰ぎ見てはいけません。偶像崇拝は依存につながり、その先には暗黒の世界が待っています。それは、あなた自身もよく知っているはずです」

ですから、私には特別な師はいません。探したけれど見つからなかった、ということもありますが。

オーラが変わるのに3ヶ月から半年かかり、1年、3年、5年、10年が、だいたいの節目といわれています。

ちょっと頑張ろうとそれなりの気持ちでオーラが変わったとしても、だいたい1週間ぐらいで元に戻ってしまいます。

それが、エゴというものです。


例えば、お部屋の掃除が好例です。

部屋掃除を2ヶ月も続けると、空間のオーラがガラッと変わります。運気を良くするいちばん簡単な方法は、部屋を清潔に保つこと。風水でもいわれていますね。

部屋をきれいにするのは、心をきれいにすることです。


汚れた空間に身を置くと誰でも気が重くなりますが、きれいな空間にいると、「心が洗われる」と皆さんはよくおっしゃいます。あれはオーラ、つまり「気」の影響です。

掃除のみならず、「これをやろう」と決心したら、1ヶ月から3ヶ月の間、毎日続けることです。これが一つの目安になります。

「習慣が変わると未来が変わる」というのが、標語にもなります。

きれいになっていく空間によって運気が上がってきたとき、「気のせいかな」と思うこともあるでしょうが、本当に「気」のせいだったりします。

不用品も減り、整理整頓で清々しく生まれ変わった部屋を実際に目で見るようになると、空間のエネルギーを感じるようになったり、「なるほど、気のせいとはこういうことだったんだ」と実感できます。

三日坊主はいけません。毎日コツコツ続けることです。

「始める勇気は必要ない。やめない勇気・続ける意志が大事」です。

一度走り出したら決して止まらない気力を持つことが肝心です。

「ああ、もうやめたいな」と弱気になることがあっても、「いや、もう少し続けてみよう」と思いとどまりましょう。

「人を介さないで守護霊と直接やり取りしたい」といい出す人もいますが、守護霊たちにいわせると、そういうタイプは典型的な依存体質だそうです。

「我々は、あなたの都合に合わせて話をするために存在するわけではありません」とのことです。

こんな調子で、私の周りにいるのは怖い守護霊ばかりです。
泣くほど怒られたなんていうのはしょっちゅうですが、いちばんショックだったのは、「あなたの愛なんてその程度のものです。その程度の愛で、愛を語らないでください」といわれたことです。慈愛にはまだほど遠い、という意味でしょう。

でも、最近は叱られることが、めっきり減りました。

この本の読者様にこんなことを申し上げるのはいささか気が引けるのですが、守護霊は優しい存在だなどと、決して思わないでください。優しく接してくれるのは、最初だけです。徐々に厳しさが増し、しまいには恐ろしいほどになります。小学校に入学したばかりの先生は優しかったけれど、2学年になると途端に厳しくなるようなものです。

守護霊のあまりの怖さに、「聞かなきゃよかった」と後悔することもしばしばです。

でも、要するに、「知識は責任を伴う。つまり、知ってしまった以上は責任を果たさなければならない」ということなのですね。

ときおり、皆様から、「守護霊との交信や高次の存在とのチャネリングができるようになりたい」とご要望を頂きますが、チャネリングは守護霊のいる4次元よりも、もう少し高い次元ですることがほとんどなので、高次元エネルギー振動数、つまりバイブレーションも高くなります。

4次元よりもっと上の世界、または帯域といったところでしょうか。

4次元体のチャネリングができる惑星は他にもありますが、少し偏った情報が多いので、もっとバイブレーションの高い、6、7次元ぐらいから降ろす形が理想ですね。

それができる方はおそらく、守護霊、4次元、5次元、6次元といった高次元の存在とコンタクトができるはずです。

チャネリングできる方は、守護霊たちと同じレベルでしょう。ラジオをある周波数に合わせるチューニングに通じるところがあります。

守護霊たちと接するうちに、「そんなことは自分で調べなさい」「自分の頭でしっかり考えなさい」などと手厳しい言葉を投げられるようになります。

当たり馬券の予想とか、宝くじの当選くじが手に入る場所とか、そんなことは一切教えてくれません。利己的な欲望について話すと、守護霊はすぐにそっぽを向きます。

もし、あることをするべきか迷っているときに質問すれば、「いまそれを本当にやるべきか否か」ぐらいのことなら教えてくれるでしょう。

例えば、非合法な行為、つまり犯罪に手を染めようとしているとき、「本当にそれでいいのですか？」とどこからともなく聞こえることがありますが、それはまさしく道義心を問う守護霊の声ですね。守護霊の代表的なメッセージだと思います。

そのような「天使の声」は、日頃から「必然」と真剣に取り組んでいる方であれば聞こえるものです。懸命に生きようと努力している人には、「これは違うよ」と声をかけてくれるのです。一方、ちゃらんぽらんな人に関わるほど、守護霊は暇ではありません。

守護霊の声を聞こえる人を、コンタクティーとも呼びます。

守護霊と浮遊霊を取り違える人が見受けられますが、「心の芯」をしっかり持ち、正しい行いか誤った行いかを判断できる段階であれば、守護霊と浮遊霊を区別することができます。

利己的な動機で、それらしき声を聞く方もいますが、「声の主」のほとんどは浮遊霊や地縛霊です。浮遊霊・地縛霊も同じ4次元帯ですから、未来のことはある程度わかります。あまり役に立たない話であることがほとんどですが。浮遊霊・地縛霊を守護霊と思い込んで相手にしていると、憑依されて精神がおかしくなってしまうのが関の山です。

ですが、この100年でアセンションという太陽系全体の次元上昇が進んでいるため、浮遊霊や地縛霊も、以前のように深くよどんだところに長くいるような状況から脱却してきていますので、そこまで悲しい末路をたどる霊は減ったと思います。

守護霊を選ぶか、あるいは浮遊霊・地縛霊を選ぶかが、霊的真理へ向かう岐路となるようです。一つの入口に長く佇むことがないように、日頃から自身の霊性を向上させる勉強が重要だと思います。

僕らは、浮遊霊や地縛霊を視察するために、いろいろな場所へ出かけます。見に行くこと自体は悪いことではありませんが、あくまでも学ぶ姿勢で臨むことが大切です。

毎日、「必然」と真剣に取り組んでいる人は、目標に向かってどんどん邁進《まいしん》します。目標を一つ達成するたびに、新しい目標が現れます。

毎朝、振り出しからスタートするような日々を送るのが、目標へのいちばんの近道だと思います。要は、「今日やるべきことは、今日のうちにやる」ことです。

昨日のことをくよくよ後悔せず、聖書にもあるように「明日のことは思い煩うな」というわけです。

いまこの瞬間を生きるように、一日一日を生き抜くのです。

私は、苦しい思いをしないで成長する方法をずっと考え続けてきましたが、結局のところ日々を懸命に生きるしかない、という結論に達しました。千里の道も一歩から、です。己の心の移ろいをきちんと見つめながら、物事を頭で考えるのではなく心で考えることが大切です。

昔から、「胸に手を当てて考えてごらんなさい」といいますが、これは最高の叡智だと思います。じっと胸に手を当てて生まれた結論が、正しい道につながっていくのです。

「1回、2回といった短いスパンで考えるのではなく、〝永遠〟の尺度で考えれば全ての問題は解決する。その覚悟があれば、どんな目標も達成できますよ」

私は守護霊からこのように教わりました。

保江　完璧なご説明を、ありがとうございます。

茶坊主　誠に恐縮です。

保江　本当に、茶坊主さんのお話は非の打ちどころがありません。

夢中になって全身全霊で取り組む意義

保江　きっと、この本を読んで茶坊主さんのようになりたい、と思う方もたくさんいらっしゃることでしょう。

特に女性に多いのではないかと思いますが、そういう方にとっては「人生の指針」ともなるでしょう。

「優秀な女性の中でいちばん多い職業は、実は主婦」とお話しいただきましたが、僕はそれを聞いて、「なるほど、そういうことか」とはたと膝を打ちました。

たしかに、主婦は日頃から家庭の雑事に追われながらも、家の中をすみずみまで掃除してくれています。その結果、家全体が澄んだ気に満ちた空間になりますね。

余計なことを考えずに、家事をひたすらこなし続けるうちに歳をとり、いつの間にかおばあちゃんと呼ばれる存在になります。

昔の日本家屋でよく見かけた風景ですが、縁側でのんびり日向ぼっこして居眠りしたり、孫が近所の子たちと遊ぶのを笑みを浮かべて見守ったり……、これが目指すべき、一つの境地ですね。

茶坊主さんに観ていただくと、いつもドドドドッとスピーディーに答えをくり出してくださいます。

いまの答えもまさにそうで、ときどきハイヤーセルフや守護霊に代わってお話をされているように思えました。本当に、久しぶりに感動しました。

茶坊主　恐縮です。

保江　皆さんも、茶坊主さんのようになりたいなんて大それたことは考えないで、目の前にあること、日常のことをしっかり見つめ、いま置かれている状況で、いかにより良き人生を歩んでいけるかを考えるのが大切だと思います。

僕の場合、自分を追い詰めて頑張るなんて疲れそうなことは絶対にしません。僕はいままでも、自分がいちばん楽しいこと、好きなことだけに手を出してきました。

我が人生を振り返ると、のらりくらりと生きてきた僕のような人間は、高次元の方々に助けていただかないと途中で道を踏み外してしまいます。

書店に行くと、スピリチュアル系のいろんな雑誌や単行本がありますが、どれを読んでも

「どこか、ずれているな」と感じます。

霊能者・超能力者、それにチャネラーと称する人など、正しい位置から外れているような人がとても多い気がします。最初は、本当にすごい能力の持ち主だったのかもしれませんが……。

僕が本物と思える人は数人しかいません。もちろん、茶坊主さん、「広島の超能力者」と僕が称する響さん、神戸のバーディーさんなど、本当に少数です〈編集注　響さん、バーディーさんについては、『時空を操るマジシャンたち　超能力と魔術の世界はひとつなのか　理論物理学者保江邦夫博士の検証』〈保江邦夫／響仁／Birdie共著　明窓出版〉をご参照ください〉。

他の自称霊能者たちは、どこかが変だなという違和感が否めません。はっきりいってしまうと、ペテン師に近い存在が多いのかなと。

皆さんは、茶坊主さんがおっしゃったとおり、タンポポの綿毛のように一斉に空中に舞い上がり、着地したところで開花できる存在です。

ですから、変な人に導かれて、泥沼にでも落ちて花を咲かせる機会を失うのは、実にもったいないと思います。

これをストップさせるのは、人生をかけて宇宙のからくりを探り続けてきた物理学者である、僕自身の役割の一つかなと思っています。

僕はいままで、いかがわしい言動で人々を幻惑させる人間をずっと無視してきました。「僕には関係ないからどうでもいいや」と思っていたのですが、「彼らを放置するのはやっぱりよくないことだ」と考え直しました。


「あなたたちがやっていることはおかしいよ」と、ペテン師のみならず、彼らに心を惑わされている方々を諌《いさ》めないと、人類は全体的にも大きな損失を被《こうむ》るのじゃないかという気がするのです。

今回、茶坊主さんの素晴らしいお話を聞いて、僕はその決意を新たにしました。

茶坊主　保江先生のおっしゃるように、別に頑張る必要はないのです。
「好きこそものの上手なれ」で、好きなことに出会えれば自ずと熱中できるので、そのときに頑張る、集中すればいいだけの話なのです。

私は間違っても聖人ではありませんし、聖人になりたいなどとも思いません。座右の銘は「適当」です。何事もほどよく、やるべきときにやる、適当にやればいいと考えています。

私たち不動産業の仕事は、いつも額に汗を浮かべて頑張ればいいという仕事ではありません。真夏だろうが真冬だろうが、スーツ着用で飛び回らなければならないのは確かですが、不動産は皆さんが想像されているほどどんどん売れるものではないのです。

仕事仲間には、ちゃらんぽらんしているのが意外に多いですよ。物件の内見のときに、アロハシャツで来る奴もいます。思わず、「えっ、その格好で来るの？」といいたくなりますが、契約時にはスリーピーススーツでビシッと決めてきます。物件の重要事項を説明するので、服装もきちっとして、気持ちにメリハリをつけるのですね。

何かにいやいや取り組んでいるような人、苦行だけに身も心も捧げる人を見ると、「苦行することに依存しているのではないか」と疑問に感じることがあります。

苦行を積んだからといって、必ずしも先に行けるわけでもありません。自分に合わないないと思ったら、途中でやめても構わないのです。

ただし、始めるときもやめるときも真剣に悩みましょう。始めた以上は、やめるまで一生懸命に頑張ればいいのです。

「いま始めるべきか」「いまやめるべきか」を真面目に考えられるのであれば、全く問題ないと思います。


例えば、東京ディズニーランドでとことん楽しんで、閉園時間ギリギリまで遊ぶのと同じような感覚でいいのではないでしょうか。楽しいことに熱中していると、時が経つのを忘れてしまいます。その間は全身全霊を傾けて夢中になる、それが大事ということなのです。

ただ、楽しみは十人十色です。1000人いれば1000通り、1万人なら1万通りの楽しみ方があるのです。他の人が楽しいからといって、自分も楽しいとは限りません。

私は、「漫画大好き・アニメ大好き・パソコン大好き」人間で、秋葉原を聖地と崇める者です。秋葉原に足を踏み入れるだけで、心が癒やされます（笑）。

幼い頃から秋葉原に通い、いろんなことを教わりました。

でも、「私の聖地を紹介しましょう。誰もが感動するはずです」と、皆さんを秋葉原に連れていったとしても、みんなが賛同してくれるとは限りません。

私は、キーボードを自分ではんだ付けして作るくらいのキーボード・オタクでもあります。

プログラミングも好きなので、キーボードも自分でプログラムします。でも、興味のない人には、どうでもいいことですよね。

つまり、楽しみはその人特有のものでしかあり得ません。

熱情を注げる対象を探しに地球の裏側まで行ってみるのもいいですし、本をたくさん読んだり、大勢の人に会って話を聞くものいいでしょう。

もし、それだけ努力したのに何も見つからないとすれば、きっとこれから出現するものがあなたの探し物だったということを理解するに至るでしょう。

世界にインターネットが普及して、早30年近くの歳月が流れました。初めて体験したインターネットに心を揺さぶられた人たちは、その後、いろんな分野へ進出しました。

そして、今度はＡＩの研究が進み、人とするような会話が期待できるチャットＧＰＴが出現しました。

これから新しく生まれる技術や仕事は、星の数ほどあるに違いありません。いま熱中できる対象がないからといって、悲観する必要はありません。

あなたの好きなものは、いずれ目の前に現れるはずです。好きなことが見つかれば、今度はそこへ仲間・類友が集まり、さらに新しい未来が開けます。

人間の歴史は、この繰り返しです。気が合えば続け、気が合わなくなればやめて、別の世界へ探求の旅に出ればいいだけの話です。

「違和感」は吉兆？——必然を心で感じ取れば、やるべきことに導かれる

茶坊主　何かが始まるときは、自然に始まります。皆さんが心の芯をしっかりと持っていれば、スタートラインがいつなのかがわかるようになります。

世界をあっと驚かせた1970年代のカンフー映画『燃えよドラゴン』で、ブルース・リーが弟子に「Don't think. Feel!」と諭すシーンがあります。「頭で考えるな、心で感じろ」というわけですね。

心に悪がなければ善だけが寄ってくるように、日頃からやるべきことをしっかりやっていれば、「あっ、とうとうその日が来た」と実感できる瞬間があります。

物事が始まるときは、往々にして違和感を伴います。それには二通りあります。

一つは、「雷が落ちてきた」とか「ビビッと電気が走った」ような強い違和感です。自分と同じ方向性を持つ領域に、自分よりも高いレベルのオーラを放つ人間が集まっているのを感じると、突然ドーンと雷が落ちたような衝撃を受けることがあります。

もう一つは、自分が求めるものとは異なるオーラの領域に踏み込むと、エゴに起因する違

和感を覚えます。

難事にあたるとき、「こんなことをやらなきゃいけないのか。面倒だなぁ。どうしよう」と悩むことがあるでしょう。でも、エゴから出るそうした違和感を通り越し、「いまは、これをやるべきだ」と直感的に「必然」を理解すれば、ちゃんとできます。

あるいは、やらない選択をしたにもかかわらず、「やはりやろう」と方向転換する場合もあります。

あれこれ条件付けしたり屁理屈が多かったりすると、頭ばかりが動いて心は反応しないのです。「やるべきだ」という必然を感じ取れば、物事は自ずと始まります。

聖書にもありますとおり、「蒔いたものしか刈り取れない」という自然の摂理にそって、原因の分だけの結果がもたらされるだけです。

それならば、やらないで後悔するよりもやって後悔したほうがよいでしょう。

ビビビッと電撃を受けたような違和感ではない、じわじわ寄せてくるような違和感を覚えることも、新しいチャンスに結びつきます。

訓練として、じわじわする違和感を何回か繰り返すことで、「あっ、来た来た！　あの感じが。ラッキー！」と感じるようになります。

私も、違和感についていろいろ研究したのですが、家の中にあるものを使った簡単な練習方法を発見しました。

例えば、傘を使います。

保江　雨の日に差す、あの傘ですか？

茶坊主　そうです。その傘です。日傘や長靴でもいいのですが、雨傘がわかりやすいでしょう。

朝、テレビの天気予報を見てから、外出ぎわに傘をパッとつかんでみます。その瞬間に、「今日、この傘を使うか使わないか」を判断するのです。

「使わないな」と傘を置いてきた結果、土砂降りに遭った場合は、「あの感覚・判断は間違っていたのだ」とわかります。

逆に、降水確率80％の予報を見て傘を握って出かけようとしたものの、「いや、おそらく今日は必要ないな」と直感し、傘なしで家を出たところ、はたして雨は一滴も降らなかった場合は、「あの感覚・判断は正しかった」ということです。

たとえ降水確率20％の予報でも、傘を触った瞬間に、「今日はきっと使うことになりそうだ」と感じて傘を持って出かけ、しばらくすると雲行きがにわかに怪しくなり雨が降ってくることもありますね。Oリングテストにも通じる理論です。

このように、刹那《せつな》の感覚を研ぎ澄ませることが重要だと守護霊から教わりました。


実際に、こんなこともありました。

降水確率０％の天気予報を確認した朝、私は玄関で傘を取ったもののすぐに離しました。ただ、「さすがに、今日は雨は降らないだろう」と感じる一方で、「もしかしたら……」とひらめいたのです。

傘を握って出社した私を見た仲間たちは、「こんなに晴れているのに、傘なんか持ってきて」と笑いましたね。

ところが退社後、帰路について自宅まであと30メートルの地点で、上空を暗雲が覆ったと思うと、突如として激しい雨が降り始めたのです。虫の知らせみたいなものですね。

「一時的な土砂降りのために、あの感覚が浮かんだのか」と驚くと同時に、判断の正しさを自賛したのです。こんなことを繰り返すうちに、やるべきことやらなくてもいいことの判断を的確に下せるようになりました。

瞬時の感覚が鋭敏になると、どうなるのでしょうか。

ある日、銀行の私の口座に振り込みがあったとのお知らせがありました。「いまなら銀行も空《す》いているだろう」と通帳を用意したものの、急に、「いま行くと込み合っているだろう」と思い直し、通帳を机の上に戻したのです。確かめたわけではありませんが、あの時間帯の銀行は大変混雑していたはずです。

今度は逆に、「この時間帯ならば、たぶん大丈夫だろう」と思って銀行に出かけると、ATMコーナーには確かに人がいませんでした。のんびりとキャッシュカードと通帳を順番に挿入して入金を確認し、パッと後ろを見ると、20人ぐらいが並んでいたことがあります。

日常生活の取るに足らないつまらないことでも、直感を磨くことはできるのです。

また、ある夕方、スーパーを訪れたときのことです。

「あと何分すると、店員が30％割引のシールを貼り始めるだろう」

こうひらめいて、ちょうど店内を一周したところで30％オフのシール貼りが始まりました。

こうした感覚を研磨することは、「気の錬成」にもつながります。そうすると、自分の歩むべき道に自信がついてきます。徐々に気を集中（フォーカス）していけば、ある瞬間に未来を感じ取ることができるようになります。

パート5　2025年7月の予言について

依存は次の次元への到達を妨げる

茶坊主　私は、自分を霊能者だとは思っていません。私よりもはるかに高い霊能力を備えている方を大勢知っているからです。彼らこそが、本物の霊能者だと思います。私の役目はスピーカーとして、皆様にわかりやすくお話しすることだと自覚しています。

昨今、霊性とは、人それぞれだと思います。高低や濃淡、明暗などといろんな表現をされる方たちがいらっしゃるのは存じ上げています。

それぞれのグループや領域、帯域やレベル、階層、レイヤー、いい方はどれも正しいと思いますが、それぞれの担当者みたいな存在が、実はいます。その方がいなくなると、実は困ることになるのです。

どうしてかというと、それぞれの担当者のもとに集まってくる方たちが、その後どうしたらいいのかがわからなくなり、迷子みたいな状態になってしまうのです。

初めから全てわかっているような存在はありません。みんな少しずつ知ったり、発見することで成長していくからです。

知ることの喜びも、この世界の宝物のようなものです。

私は、不動産やリスクマネジメントのコンサルタントをさせていただいていますので、日頃からかなり気を張っています。

ときには、普通の方が見ると怖い印象を抱くこともあるかと思います。特殊な案件や大規模な案件についてのやり取りでは、いささか殺伐とした気が漂うこともあります。

そんなときに何気なくお越しいただいたお客様が、「すごく怖かったです」とびっくりされたことがありました。不快な思いをなさったことには誠に申し訳ないと思うのですが、私が何でもできるオールラウンドプレーヤーではないことを、理解していただけるとありがたいです。

私にも、ささやかですが専門性があるのですね。一つのレイヤーでお話を聞かせていただき、皆さんにお伝えするに過ぎないのです。

「私は、高校3年生の担任の先生のようなものです」と、よく皆さんにお話しします。

大学・大学院の教授のように、その分野学問のエキスパートとして専門性の高い領域にある方々と違い、勉強を含めていろんな人生相談にも乗ってあげられるような存在であり、これからの未来を一緒に考えてあげられるという点で、高校3年生の担任が、表現としてはいちばん合っているのかなと思うからです。

高校を卒業して社会に出る子もいれば、大学に進んで学問に打ち込みたい子、海外留学したい子と、3年生にもなればみんな、それぞれの将来像を頭に描いています。

「いろいろな進路があるけれど、それぞれについて詳しい情報を提供しましょう。どの道を選んでも大丈夫です。君の人生だからね」とお答えするのが、私の担任のイメージです。インフォメーションセンターに近い役目を担っているともいえそうです。

私は、教育機関の方々のお手伝いもしているので、海外の大学や大学院について、あるいは胎内記憶や胎内教育関係の方々からも、いろいろとお話を聞く機会があります。

その中で、いちばん難しいのは幼稚園だろうと感じました。

幼稚園の教諭や保育園の保育士のお仕事は、本当に大変です。でも、そこで愛情をいっぱい注がれる子は、成長するにしたがって勉強する楽しさがどんどん湧いてくるものです。

小学校では、やはり1年生の担任がいちばん難しいと思います。

また、物事を始める時期は、とても大切です。そのときに受けた印象が後々に響くことを経験した方は、皆さんの中にもいらっしゃると思います。

数学が苦手なお子さんをよく見かけますが、その原因は数学を教えた先生が、その子の苦手なタイプだったことが往々にしてあります。好きな先生であれば、数学が得意な科目となっていたかもしれません。

もし、保江先生が物理学をもっと広範にわたって教えておられれば、日本の物理学の教育現場はずいぶん違っていたと思います。

中学や高校でも、「物理って、こんなに楽しい科目だったのか……」と、物理を好きになる子が増えたはずです。私も、高校生時代に保江先生にお会いしていたら、物理系に進んだかもしれません。

学校の先生との出会いは、人生の節目の選択に影響するほど重要だと思います。

僕らのレベルを超える方はたくさんいらっしゃいます。

そもそも、下とか上というのもありませんが、始まりが始まった、というような初心者の方には優しく、「もっと自分を信じようね」とアドバイスすることが大事だと思うのですね。

始まりが始まった方から、超高次元のチャネリングができる方までみんな大集合、そういった宇宙船地球号の乗員全員がつながり、それが地球人類および霊性の進化・向上に結びつくのでしょう。

以前、「それは全て、あなたの役目ですよ」と、守護霊にいわれたことがありますが、「私一人では、とても背負いきれません」とお答えしました。

この世界は、いろいろな方々が関わり合って初めて成り立っているのです。

人間は、ワインと同じようにピンからキリまであります。

でも、誰一人欠けてはいけないのです。

「生きとし生ける全ての存在が必要であり、必然であり、尊いのですよ」と、守護霊にいわれたことがあります。

この世界に無駄な人間は、一人もいないということです。

「人間の自立」も、私にとって一つのテーマであり、皆さん一人ひとりが自立していただくことを心から願っています。私自身も、まだ完全自立には至っていませんが、おかげさまで他者に依存することはほぼなくなったと自負しています。

真理は、人に自主独立を与え、自由にするということです。

依存体質から脱却し学ぶ姿勢が変われば、それにふさわしい師が現れます。

「学びが変われば師が変わる」といいます。

よく守護霊にいわれました。師は絶えず変わるもの、変わらないものはない、人生において師が一人であることはあり得ない、という意味でもあります。

師が生きている間にその師を超えること、それができるものだけが師を持つことを許される、とも教わりました。ただ単に師を持つことは依存に過ぎない、ということです。

人間の霊性は、同じ場所にずっととどまるわけではありません。霊性があるレベルに達すると、「ここにいつまでもいても仕方ない」と、去るべき時が来たら次の新たな場所や学びへ移ります。

自分の道を真剣に追い求めている人には、「茶坊主さんから学ぶことはもうありません」と判断を下す日がきっと訪れます。

私は、「高校3年生の担任」として、そんな方を喜んで送り出します。

「来るもの拒まず、去るもの追わず」の方針ですので。

科学の世界や宗教の世界でも、事情は同じだと思います。そこで学び終われば、次の場所へ向かうのです。

もともと王国の子息であったお釈迦様は、学問や武芸に励んだものの心が満たされることがなく、とうとう城を脱出します。沙門（修道者）の暮らしに身を投じ、様々な仙人に師事しますが満足する結果を得られず師のもとを離れ、独りで6年の苦行を積んでようやく悟りを開くことができました。

一つを学び終え次の段階に移行するのが、いちばん望ましい成長の姿です。「天上天下唯我独尊」を目指せとはいいませんが、何ものにも依存しない境地を目標にしていただきたいと思います。

自主独立を自負しているつもりでも、「依存しているよ」と誰かにいわれることもあるでしょう。それはそれでいいと思います。

「なるほど、ひょっとすると依存しているのかな」と気づけば、新しい学びが始まるのです。

人間はそんなことを何千年もの間、繰り返してきたのです。人にいわれて直すよりも、自分で気づいて決められるようになりましょう。

私は、どなたかの事始めを判断するときには、オーラを見ることにしています。オーラが明るく輝いていれば、正しい道を歩んでいると考えます。

また、物事をどの位置から、どの視点で見ているのかも大事だと思います。位置と視点の違いによって、新しい世界が現出するものです。この辺りは保江先生のご専門だと思いますが、アインシュタイン博士の相対性理論にも通じるように思えます。

本当によくできているこの世界を造った人は、どこまでどのような思いを抱いていたのかなと思います。

この世界を造った存在はきっと、巨大な叡智の集合体なのではないでしょうか。

私はいままで、さまざまな会合に参加させていただきました。そして、学びの中に依存がなければ、本人が諦めない限り自分の目標に到達できると信じています。

学びそのものはとても自由であり、絶えず変化していきます。一期一会とか、気が合えばとことん気が合うまでというご姿勢で、今後の学びに役立てていただければと思いますね。

叡智の道は無限にあります。一つではありません。

また、人にはそれぞれ事情や理由があります。スタートもゴールもそれぞれです。様々に、いろんな形で絶えず終わり、始まっていきます。

そのように、各々が精一杯ご活躍いただくのがいちばん望ましいと思います。

保江　ありがとうございます。

茶坊主　恐れ入ります。

高名な空手家の不可解な死

保江　いやぁ、感動しました。繰り返しになりますが、「タンポポの種である綿毛がふわっと大空を舞い、落ちたところに黄色い花を一斉に咲かせる」というのが、今回のテーマのイメージにぴったりだと思います。

幸せをどこか遠い場所に求めるのではなく、自分の間近を見渡しなさい、というご指摘も、メーテルリンクの童話『青い鳥』を思い出させてくれました。

茶坊主さんの教えは、現代人にとってのバイブルになりそうですね。

いま、特にスピリチュアルに興味を持つ女性の多くが、迷っているように見受けられます。茶坊主さんのようになりたいなどと、大それた願望を抱く方もいます。まさに迷える子羊です。

キリスト教では、迷える子羊を導くものといえばバイブルです。本書のタイトルを『幸せの黄色いバイブル』とでもしたいところですね。

僕が伺いたかったことに関して、ことごとく見事にお答えいただきました。すごいですね。

実は他にも、僕の個人的な興味についても、お聞きしたいのです。

高次元の世界におけるルールとして、他次元間干渉はできるだけしないとのことでしたね。

とはいえ、我々はもともと高次元の能力を備えている存在であるわけですよね。

それを知ってか知らずか、自分特有の能力と思い込んで発揮する人が、この世界には少なからずいるわけです。彼ら自身がよく理解しないままに、高次元で自分ができていたことをこの世で行うと、「すごい！」と一様に驚かれます。

その結果、「私は人とは違う存在である。他の人が絶対にできないことが、私にはできるのだから」と天狗になり、それを世の中に教え広めていこうとします。

人に教えるまではいかないとしても、一人でその能力を突き詰めていくことが、全ての次元を包含《ほうがん》する世界のルール・調和の観点から見て正しいことなのだろうか、ということが気になっているのです。

僕が、学生の頃からずっと関心を抱き続けてきた武術があります。
「愛魂《あいき》（合気）」という不思議な武術です。いったん会得すれば、年寄りでも勢いのあるデカい男を数メートル先に吹っ飛ばせる技を駆使することができ、実際に、ほとんど触りもせず相手を吹っ飛ばすことができます。
もう半世紀以上、我が人生をそれにかけてきました。

実は20年前、僕はがんの手術の最中に、一時的に心肺停止状態になったことがあります。数分間、死んだのです。ところが、何かの拍子に蘇生することができました。
この臨死体験があってから、いつの間にか「愛魂」の技を使えるようになったのです。

この武術はいまも続けていますが、最近、新しい発見がありました。

我々が存在するこの3次元の空間を4次元、5次元、それ以上の高次元へとずらすと、嘘のように相手を簡単に倒すことができることがわかったのです。3次元空間の一部分を切り取って、高次元につなぐだけでもいいのです。

半年ほど前に、「そういうことだったのか」と開眼しました。

僕は物理学者という職業柄か、理屈さえわかれば納得する人間なので、「わかった。もうこれでOK！」としたのです。

その大発見をネタに、ことさら「俺は強い」と誇示する気もなければ、「これを世間に広めてやろう」という野心もさらさらありません。

理論さえ得心がいけば、それで終わりです。

その頃、僕の古参弟子の二人も、「愛魂」の技がある程度できるようになったのです。

もともと彼らはちょいと名の知られた空手家でした。僕のところへ道場破りに来たのですが、なぜか僕に簡単に倒されてしまいました。

「ぜひ、弟子にしてほしい」というので入門させたわけです。かれこれ20年ぐらい前の話です。

二人はそれぞれ空手で一派を立てて、弟子は世界中にいます。両人とも関西出身の気さくな人柄で、稽古後はよく一緒に酒を飲みました。

ところが、二人ともすでに亡くなってしまっているのです。僕よりもずっと若かったのに……。

一人は4年前に脳幹出血で昏倒し、そのまま亡くなりました。

もう一人は、実はつい最近、昇天しました。共通の知り合いからの訃報で知ったのですが、あまりにも急な死だったので、僕はしばらく呆然としていました。

死因は膵臓がんです。半年以上も入院して、激痛を耐え抜いたようです。愛弟子であったご子息はもちろん、日本や世界の各支部にいるお弟子さんも、悲嘆にくれたことでしょう。

彼は生前、僕の岡山の道場に、息子さんや自分の門人を大勢連れてきました。

彼の死を知ったときには、驚き以外に、もう一つびっくりしたことがあります。お弟子さんが教えてくれたのですが、彼は愛魂の技を広め始めてから、人生の歯車が狂ってしまったそうです。

息子さんや、彼の道場の古い門人たちまでが、離れていってしまったと聞きました。いちばん弟子であったはずの息子さんまでとは……。

息子さんの話によると、父親が最初に目指した武道と、愛魂に目覚めて広げようとした武道が乖離《かいり》してしまったというのです。

さらに、父親は気性が荒くなり、何かにつけ感情をむき出しにするようになったそうです。お弟子さんや他流派の人、仕事関連の人と意見が合わないとたちまち怒り出し、「縁を切る」とまでいい出すこともしばしばだったとか。

僕には、彼のそんな姿を想像できません。昔は優しい男だったのに……。指導は厳しくとも、愛情にあふれていました。

愛を前面に押し出していて、従来の空手とは異なるものを広めたかったはずなのに、本当に残念です……。

お弟子さんからそんな話を聞き、ふと、全く別の空手家のことを思い浮かべました。柳川昌弘先生という空手家のおじいちゃんで、難解な法華経を読み解き、『よくわかる法華経』

(明窓出版)という本を出されています。

柳川先生は、僕が一風変わった武道を教えていることを知り、武術雑誌『月刊 秘伝』(BABジャパン)の誌上対談の相手に、僕を選んでくださったのです。


柳川先生が空手の世界では超有名であることを、僕は残念ながら知りませんでした。先生の妹さんが霊能力者で、僕の本を熱心に読んでおられるそうです。

柳川先生は弱視のために、ほとんど目が見えません。その影響でしょうか、空手を修行しているうちに第六感が研ぎ澄まされ、オーラが見えるようになったのです。

『あなたにもオーラが見える』(ベストセラーズ)、『宇宙からのメッセージ：心霊現象の虚と実』(ローレル書房)などの本も出されています。


目がほとんど見えない80歳を超える柳川先生の空手が、なぜそんなに強いのか。僕は興味津々でした。

その術を拝見すると、独特の突きなのです。一般的な空手の突きは力いっぱいといった感じですが、柳川先生の突きは軽いのです。ちょこんと当てるだけという印象でした。

しかし、先生の突きを食らった相手がコロッと倒される様子を見て、はっとわかったのです。

半年ぐらい前のことですが、3次元空間と高次元空間の境界を切り開くと相手が不安定になり、小指1本で突いても倒れることを僕は発見しました。

僕が3次元と高次元の境界をずらすときには、愛を発動させます。愛が大げさなら、敵対する相手と融和する気持ちという表現でもいいでしょう。

柳川先生の突きを見ていると、3次元の身体の上にある高次元の身体を使って、相手の身体における3次元と高次元のつなぎ目部分をポンとずらして、すかさず3次元の腕で軽く突いているようです。

すると、高次元からの攻撃だけに、相手はものすごい衝撃を受けたように倒れ込むのです。

対談の最中に、「僕にもやらせてください」と実験を申し出てみました。

僕の古い門人で空手をやっている若者を、見よう見まねで自分の高次元の腕で突いてみると、相手がたしかにぐらっと揺れたのです。

「いまのもたしかに効きますが、保江先生がいつもやる、愛で最初にずらしてから軽くポンと押すほうがはるかに効きますよ」と、その相手が感想を述べたとき、

「なるほど、そうか」と合点しました。


最近亡くなった空手家も、これをやっていたのだなと瞬時に理解しました。空手の動きをしつつも、拳が軽く接触しただけで相手が崩れ落ちるのです。

不思議だなとみんなで話していたのですが、彼も柳川先生のように、3次元と高次元の境をわずかにずらしていたのでしょう。


「よし、今度の稽古で試してみよう」と思った矢先に、悲報が飛び込んできたのですが、実はそのとき、とっさに思ったのです。

「ひょっとして、彼は次元をずらしている事実に気づかなかったのかもしれない」と。

たまたま不思議な技を会得したまではよかったが、それを広めようとしたことが、高次元の世界におけるルールに違反したのではないか、と考えたわけです。

最近亡くなった空手家と、４年前に急死したもう一人の空手家は、掟を破ったために短命に終わってしまったのではないか……。

ですから、僕は柳川先生についても心配しているのですが、柳川先生も僕も割と長生きしていますよね。

では、若死にした空手家二人と僕や柳川先生の違いは、どこにあるのでしょう。「理屈」を理解しているかどうかにあるのでしょうか。

僕は、高次元の存在を含めいろいろな方々と接触したおかげで、少しずつ技を解明することができました。つまり、決して自分一人だけの能力で愛魂の技を会得したわけではないのです。

ところが、人生の全てを武術に捧げている人は、とかく己の力を過信するところがあるように思います。高次元の世界には考えが及ばず、「どうだ、俺はこんな不思議な技を使えるようになったぞ」と、３次元における現象だけに重きを置いて突っ走る傾向にあるような気がします。

夭折《ようせつ》した僕の弟子は、実は他にもいるのです。先の二人の空手家よりもはるかに若い40代の拳法家で、彼も1年ほど前に急死してしまったのです。

僕は、優秀な弟子を三人失いました。治療も手がけていた彼らは、活殺自在の武道家だったのです。でも、みんな若くして旅立ちました。

彼らの死因について、茶坊主さんに伺いたいと思っていたのです。

死とは来世が始まる時期を迎えた証

茶坊主　100年ぐらい前に、イギリスでエネルギーワークがありまして、集まったメンバーが霊と交信しながら、椅子やテーブルを浮揚させる現象を起こしたことがありました。

保江　いわゆる交霊会のことですね。

茶坊主　そうです。日本にも、昔から類似する組織はあります。大正12年に設立された心霊科学研究会は、日本心霊科学協会としていまでも活動なさっています。

あの当時は、たしかに高次元の世界に触れたために亡くなった方がいました。身体の中にオーラというエネルギーが過剰に入ったために、脳内出血を引き起こすことがあったようです。

100ボルト用の電線に、500ボルトの電気が流れたような感じです。エネルギーオーバーというか、過充電、過放電みたいな現象でしょうか。ただ、保江先生のお弟子さん三人をずっと見ているのですが、そのケースには当てはまらないと思います。

電気エネルギーに関連する話をしますと、人間が電波を利用するようになったのは120年前だといわれています。当時は、現在のように生まれたときから電波に囲まれている状況ではありませんでした。

現代人は、お母さんのお腹にいる頃から電波に取り囲まれている状態にあるといっていいでしょう。どこもかしこもWi-Fiがあり、我々は電波の中で暮らしているようなものです。

しかし、長年にわたって電波にさらされてきた結果、我々の身体は見えない進化を遂げているのです。

私たちの体は私たちが思っている以上に、柔軟であり進化に対応しています。

先ほどの空手家の方々は、気の使い方に失敗して命を落とされたわけではないと思いますので、ご安心ください。

保江　そうですか。

茶坊主　その死が、利己的動機に原因があったとも思えません。

叡智というのは、高次元の存在を含めた我々みんなの総意の下で継承され、広がっていくものだと思います。

私立探偵シャーロック・ホームズの生みの親であるコナン・ドイル先生もそうでしたが、「この世には見えないものがたくさんありますよ」と世間に知らせるために、交霊会というデモンストレーションを行いました。

ただ、あのようなデモンストレーションは、特殊能力を持つ人間一人に依存する傾向があったために続かなかったのだと思います。本当は、一人から多数へと、みんながなできるようになるのが理想だからです。

武道の世界も、「気」と深く結びついていますので、いろいろな方が技を錬磨し気を錬成して流派を打ち立てるのではないでしょうか。そこへ門弟が集まり、技が伝えられていくわけです。そういう意味では、叡智の継承ともいえますね。

名誉欲は向上心にもつながりますが、そこへ金銭欲が加わると歪んだオーラが発生します。でも、亡くなった方々はあくまでも武道の向上のために尽くされたわけですから、高次元の世界のルールに違反したというわけではないでしょう。

そもそも、人が死ぬのは来世が始まる時期に差しかかっているからです。死んでから来世が始まるのではなく、来世の始まりが始まるので、次なる転生の準備のために一度霊界に帰り、新しい旅の支度をしなければならない。そのためにこの世を去らなければならないということなのです。

保江　そういうことだったのですか。

茶坊主　亡くなった武道家の方々には、「今世の身体を使った技の追究は終わった。次は生まれ変わって、もう一段上の技を究めたい」「現世で磨いた武技を、生まれ変わって人を癒やすことに役立てたい」などの願いが、無意識の根底にあったのかもしれません。

来世を準備するために、今生とはこの辺でお別れしようということですね。

武道界では、「人を殺傷する気」を「人を癒やす気」に変えて活用する方向で転生が始まっていくと思います。

迷子で寂しい子どもたちの霊

茶坊主　少し脱線しますが、ここで水子霊についてお話ししましょう。

私は毎日、いろんな守護霊と対話していますが、それ以外にいままで見てきた浮遊霊・地縛霊などの霊的存在は数十万に上ります。

でも、赤子の霊を目撃したことは一度もありません。

3歳くらいの幼い浮遊霊がよちよち歩いている姿は見たことがありますが、生まれて間もない子の霊と出会ったことは皆無です。

なぜかといいますと、いわゆる水子霊は守護霊がすぐに救い上げて霊界に連れていくからです。

「我々が水子の霊を置き去りにすることは絶対にありません」と、彼らは胸を張っていいました。母親が子とともに亡くなれば、母子を一緒に連れ帰るそうです。

ただ、流産したあと、しばらくして赤ちゃんが生まれた場合は、最初に亡くなった子の魂が入っていることはあります。

この辺りの事情については、保江先生がよくご存じの……。

保江　胎内記憶で有名な池川明先生ですね。

茶坊主　そうです。池川明先生です。池川先生は、こうした事例の話を聞くことが多いそうですね。

ある日、長男を亡くしたお母さんが、その子の墓前で合掌していたそうです。２番目の子が脇で、お母さんの仕草を不思議そうに見つめています。

「あなたのお兄ちゃんに手を合わせているのよ」と母親がいうと、

「ママ、それ僕だよ」と。

また、現実に生まれてこなかったとしても、その家を構成する家族が、前世でも同じ家族であることが多いのです。

「今回は事情があってあなたを産むことはできないけれど、お母さんが来世で待っているから」と、この世に生まれ来ることができない子を、来世に送り出すこともあります。

流産や堕胎などの辛い体験をされたお母さんが私のところに来ても、

「供養しなくて大丈夫ですよ。その子は、来世であなたを待っていますよ。いまでは立派な魂となって、次の世に生まれる準備をしているところです」とお伝えすることにしています。

ですから、水子の霊について心を痛めるのは、お母さんにとっても子どもにとっても必要ではありません。

お母さんが悲しむと、生まれてくる予定だったその子がそれ以上に悲しむからです。私にとって、子どもの涙を見るほどつらいことはありません。ましてや、生まれることができなかった霊体の子どもの涙は、まさに筆舌に尽くし難い。

しかしながら、何かにすがりたいというのも人情です。

500年前、1000年前といえば、人間が犬や動物のようにバタバタ死んでいくひどい時代でした。最愛の子を失った者の心の拠り所として、極楽浄土へどうか、最愛の家族を連れていってほしい、そんな希望とともにお地蔵さまを彫り、供養したのは当然だと思います。

では、3歳ぐらいの子はなぜさまよう霊になってしまうかというと、一人で歩けていたからです。

座敷童《ざしきわらし》という霊は、実は皆様の周りにたくさん存在しています。東京では、彼らは二つに分けられるのですが、それは、走っているか走っていないかでわかります。

顔色を変えて走り回る幼子《おさなご》の霊を東京都内でよく見かけますが、そのほとんどが東京大空襲で亡くなった子たちですね。駆けながら、「火事だ、火事だ！」と叫んでいるのです。

そんなとき、私は優しく声をかけます。

「ここにおいで。お母さんはどこにいるの？　お母さんを探しておいで」

しばらくすると、その子は本当にお母さんを連れてくるのです。

「もうじき火事はおさまります。ここにいれば大丈夫ですよ」

母子にこう声をかけると、

「安心いたしました」といい残して、すっと消えていきます。

走ることなく、「僕のお家はどこ？」とキョロキョロしている子は、例外なく関東大震災で亡くなった子たちです。激震で突然倒壊した家の下敷きとなってしまったのです。

「僕はいまどこにいるの？」と不安で仕方がないのです。そんな子たちにも、「こっちおいで」と手招きします。

死者と対話できていた祖母にはよく、

「座敷童を見たら上にあげてあげなさい。あの子たちは迷子だから」といわれていました。

ある日、うちの事務所に白い服をまとったお化けが現れました。両腕で何かを大事そうに抱いています。

「わかりやすいお化けだな……」と思っていたところに、

「私の赤ちゃんが死んじゃった。私の赤ちゃんが死んじゃった」と何度もつぶやいています。

「ちょっと見せてごらんなさい」

のぞいてみると、お化けが胸に抱いているのは太めで短い丸太棒でした。

「あなたが抱いているのは赤ちゃんじゃないですよ」

「私の赤ちゃんはどこに行ったのよ！」

「落ち着いて。そんなに怒らないでください」

お化けとこんなやり取りを続けていると、向こうのほうから守護霊がとことこ歩く子どもと一緒にやってきました。

「赤ちゃんって、その子のことでは？」

「私の赤ちゃん！　ああ、やっと見つけた！」

「もうこんなに大きくなっているじゃないですか。これからはずっと一緒ですよ。心配ないから安心してお帰りなさい。あとはこの守護霊の後についていきなさいね。さよなら。元気でね」

こうして、私はこの母子をあの世へ送り返しました。

世間ではよく「水子霊を供養する」といいますが、水子についてはあまり心配する必要はありません。水子供養というよりも、「来世で待っていてね」という気持ちを持つほうがよいと思います。

とはいえ、「私には、水子の霊が憑いている」という方がお見えになれば、とりあえずは「そうですね」と否定しないことにしています。

霊界の知識や認識、オーラやチャネリング、アセンションと、いまの時代の皆様の霊的知識は、千年前と比較すると驚くほど進化しています。

チャネリングなど高次元へアクセスできる方々がたくさん出現している時代ですから、霊とのコンタクト程度で満足するのではなく、その能力を医療に役立てられないものか、模索したいところですね。

ヒーラーと呼ばれる方は、相手のお腹や体の一部を触るだけで痛みを取ったりすることができます。解熱にも効くと思います。触らずに、いわゆる「手かざし」でヒーリングをする方も少なくありません。

西洋医学のドクターも、オーラの変化を観察できるレベルに達すれば、治療によって患部が回復する様子がオーラでわかるようになると思います。実際にそれができる西洋医学のドクターも、何人か存じております。

保江　なるほど。

茶坊主　そもそもですが、水子となる理由は、不徳とか親に何らかの過ちがあったとか、そういうことではありません。

また、先祖供養といったものとも、全く関係ないのです。

墓石が傾いていると祟るなどという人もいますが、それも間違いだと思います。

保江　以前に読んだ本には、「3歳までの子が死んだときは、供養する必要はない」と書いてあったような気がします。

シュタイナーか、類似する方の本だったと思いますが。

茶坊主　3歳ぐらい……そうですね。

3歳といえば、自我意識が芽生え、意志力が働きだし母親のオーラから少しずつ離れ始める年頃だと思います。

幼子の霊を見ると、寂しくて泣きじゃくる子はあまりおらず、「ここはどこ?」と戸惑っている霊が多いように思います。そんなときはいつも「こっちにおいで」と手招きして呼ぶことにしています。

あるとき、観光で沖縄に行ってきた方がお見えになりました。

「肩が重くてたまらない」と盛んにおっしゃるので、見ると両肩に子どもが何人も乗っているのです。小学生の男の子と女の子と、2歳から4歳の子たちの霊です。

「驚くほどおどろおどろしい負のオーラを放っているな」と感じました。

私は不審に思い、その訪問者に聞いてみました。

「沖縄のどちらへお出かけでしたか？」

「ひめゆりの塔に行ってきました」

ご存じの方も多いと思いますが、ひめゆりの塔は、1945年の沖縄戦で米軍の猛攻撃のために命を落とした沖縄師範学校女子部・沖縄県立第一高等女学校の生徒や教師のための慰霊碑です。その方の両肩に乗っていたのは、彼らと一緒にいた子どもたちの霊でした。米兵に包囲され集中砲火を浴びる中で、多くの方々が自決しました。

たまたま、観光でひめゆりの塔を訪れた見知らぬ人間についてきたのでしょう。一人の子が肩から降りると、私の膝の上にちょこんと乗って話しかけるのです。

「バーンッてなって、死んじゃったの。ここはどこ？」

この子たちは、私の所へ来てよかったと思いました。他の子たちもみんな、私にすり寄ってきます。

「お母さんは？」と、泣きべそをかく子もいます。

「いい所に来たね、ここへ来ればもう安心だからね。お母さんはもうすぐ君を迎えに来るから、それまでの間、みんなで歌でも歌おう」

子どもたちの手を握ると、やっぱりひんやりします。「夕焼け小焼け」や「ふるさと」を歌っていると、守護霊がそれぞれの子どもの母親を連れてきてくれました。子どもたちはみんな、母親とともにあの世へ帰っていきました。その訪問者には、

「沖縄の迷子があなたに付いてきたようですが、たったいま、全員帰りました。今後、そういう場所へは、なるべく近づかないほうがいいですよ」と忠告しておきました。

このようなケースは、いままで数えきれないほど体験しました。1000回以上はあったでしょう。皆さんが思っている以上に、この世には迷子の霊がたくさんいます。実のところ、死者はいつも皆さんの身近にいるのです。

テレビなどのマスコミが、座敷童は良い存在だというのはわからないわけでもないのです

が、本来的に、当人にとっては迷子で寂しい状態であるということは、知っておいていただきたいものです。お母さんやお父さんに会えない子どもの心や気持ちを考えれば、誰でも察することができると思います。

座敷童がいつも笑って走り回るのは、あちらの世界から我々のオーラが見えるからです。彼らは明るいオーラを放つ人を見つけると、キャッキャと楽しくなって付いてくるのです。

写真に撮るといろんな形をしていますが、私にとって、彼らはみんな迷子です。なかなか帰ろうとしない子には、「お母さんが探しているよ」と声をかけます。

お母さんが亡くなっていると、その子の背後にすっと現れます。この世で健在であれば、おばあちゃんの霊が来ることがあります。

「おばあちゃんが来たよ」というと、

「じゃあ、バイバイ」と嬉しそうに去っていきますね。

「座敷童は迷子だから、ちゃんと上にあげるように」という私の祖母の気持ちも理解できますが、迷子は早く肉親に会わせてあげたい……。私がその子の立場になれば、やっぱり寂しい思いをしているでしょうから。

全人類の総意「ALL HAPPY」

茶坊主　お盆になると、ご先祖様の霊が浄土から帰ってきます。旧盆と新盆があり、迎え方は各地で異なるようですが、必ずしも霊たちが7月、8月のお盆時期に戻ってくるわけではありません。気が早い霊は6月に帰ってくることもあります。
亡くなった私の父親なんて、5月にひょっこり帰ってきましたよ。

保江　そうですか。

茶坊主　予想以上に早く帰ってきて、家の周りをぐるぐる回りながら中の様子を見ているのです。その動きは、年々速くなります。
3年目にもなると、「あれっ、いま何かが頬を撫《な》でていったな」といった具合に、風のように感じるほどになりました。
笑い話になりますが、ずいぶん昔に亡くなった祖父が、親族の結婚式にひょいと顔を出したのです。私がちょうどビールを飲んでいたときに姿が見えたので、すぐに声をかけました。

「じいちゃん、来てくれたの。久しぶりだね。でもどうしてそこに突っ立っているの？」

「椅子が引いてないので座れないんだよ。だから立っているんだ。触れないからね」

私は「あっ、そうか！」と気づき、椅子を引いてあげました。肉体がなくとも、座るときには椅子が必要なんですね。

そのあと、椅子に座った祖父と祖母と三人で、久しぶりの再会に花が咲きました。

もし、死に別れた親しい方に会いたい気持ちが募ったときは、テーブルの上にお茶セットを用意しておくといいそうです。もちろん、椅子を引いておいてください。

「来たかな？」と感じた辺りを、ちょっと触ってみてください。すると、あたたかいふわっとしたエネルギーの塊のような感触があるはずです。それは、「気」のせいです。

保江　「気」のせい？

茶坊主　はい。気のせいです。じっと見ていると、だんだんそれが金粉のように輝いてきます。あるレベルの能力があれば、いつもこの形で見えますよ。

「あっ、いま笑ったな」と、笑顔が瞬間的に視界をよぎることもあります。

ただし、やり過ぎると、他次元間非干渉の掟に触れることがありますので注意が必要です。

皆さんが想像している以上に、いつも近くに霊は存在しています。そしてその霊の種類や、生きていた頃の時代や、そこにいる動機や思いは様々です。

最初、この世とあの世の距離は、東京―パリ間くらいかなと思っていたのですが、父が亡くなった頃から東京―福岡よりも近いと感じるくらいにぐっと近づきました。

このごろは、1駅2駅の距離じゃないかなと思うくらいです。霊的レベルも次元間の距離も、昔に比べれば格段に縮みました。全てが著しく変貌したということです。

これも、皆さんの霊性が向上したおかげですね。

いずれは、「霊は、あなたのすぐ隣にいます」という状況が当たり前になるでしょう。

家族の絆は、永遠に続きます。夫婦愛、同性愛も永久に変わりません。愛は永遠であることを、皆さんに理解していただきたいと思います。

保江　ありがとうございます。早世した僕の弟子たちは、生まれ変わるためのデモンストレーションを行ったわけですね。

茶坊主　そうだと思います。

保江　彼らの来世における役目は、すでに決まっているのでしょうか？

茶坊主　治療家になる方もいらっしゃいます。生前、整体師だった方は、特に治療への思いが強いようですね。

保江　ああ、やっぱり……。

茶坊主　「全員がALL HAPPY」が人類全体の総意です。

ですから、みんなの幸せのためには自らが変わらなければならない、という方向へ自然に足を向けることになるのです。

人生の中で、急に仕事が変わる、いままで見えなかったものが急に見えるようになった、といった不思議な体験をされた方は多いと思います。

これも、みんなが幸せになるために引き起こされた必然です。

したがって、突然のミッション・チェンジやジョブ・チェンジに遭遇しても戸惑うことなく、「これも一つの必然なのだ。その先にあるものが利他につながる」と理解してください。理屈ではなく直感で……。

昔は、人間一人が一生同じ職業や地域で人生を送りました。

例えば、僧侶なら、過去世においても10回くらいは僧侶として転生することが普通でしたが、最近は人類の転生回数も増えたおかげで、それぞれの方が一度の人生で、いろいろな職業などを経験できるようになりました。

ハイブリッド感覚ですね。高校の先生をしながら国会議員にもなって、次は作家に、その次は探検家として世界中を駆け巡る……といったように、一人の人間にいろんな姿が織り込まれるようになりました。

我々の進化はどんどんスピードアップしていますので、目まぐるしい変化を頭で考えようとしても追いつきません。ですから、「この方向性は間違っていないだろう」という直感に従って進むのは、まず正しい道だと考えてください。

最初は道なき道を歩むことに不安を覚えるかもしれませんが、いずれは立派な大道に合流することになります。

何も恐れずに、歩み続けることが大切です。

保江先生の読者の皆さんも、霊性のレベルの高い方が比較的多いと思います。

これからどんどん始まってきますよ。

みんなが不幸になる性質のもの、それは完全な間違いになるのですが、そうでなければ、その先にはずっと明るい道が続いているのです。

巷《ちまた》に広がる2025年7月の予言について

保江　2025年の7月某日、ものすごい天変地異が起こり、日本のみならず環太平洋の国々がことごとく水没する、といった恐ろしい予言が世間に出回っています。もともとの発信者は数名いるようです。

スピリチュアル系の著作を出している有名な方が、「ここならば安全」とされる山梨県に住まいを移した話も聞きました。

2025年といえば、もうすぐですね。

恐怖の予言を耳にした方も増え、前回の集まりでも、女性たちが不安そうな表情を見せていました。

「娘が東京で働いているのですが、山梨や岡山に行けば生き残ることができるのでしょうか」

「本当に、そんな恐ろしい異変が起こるのですか？」

「いったいどうすればいいんですか。助かる方法を教えてください」といった切実な質問が飛びましたね。

僕には、「まあ、そんなに心配しなくていいと思いますよ」と慰めることしかできません。

幸いなことに、僕の故郷である岡山県は安全地帯とされています。

「天変地異が起こる日時まで予言されているから、その数日前には岡山へ帰って高みの見物といきましょう」と、岡山の仲間と冗談をいい合っていますが、

「当面、そんな惨事は起きるはずがない。いまのまま世界は動き続けるだけで、文明が崩壊するような天変地異など想像すらできない」というのが、僕の直感というか確信です。

無責任かもしれませんが、流言飛語《りゅうげんひご》のために皆さんは疑心暗鬼になってびくびくしているだけではないかと思うのです。


心配無用と大言壮語しながら実際に異変が起きたとしても、僕には責任の取りようがありません。

「予言が当たって、大地震や大津波に襲われて死ぬのなら、それはそれで仕方がないでしょう。人間誰しもいつかは死ぬのだし」と腹をくくるしかありません。

でも、我々が文明崩壊につながる大惨事に遭遇するなんてことは、あり得るのでしょうか。

その予言者たちは、３．１１の地震も予知したというのですが……。

茶坊主　ときおりトイレで瞑想する私の結論を申し上げますと、その話は嘘ではないと思います。でも、人類の総意が「ALL HAPPY」にあると考えれば、我々の未来が悲しい結末に終わっていいわけがありません。

自然の摂理はないことにはできないので、リスクがゼロになることはないかもしれません。地球を揺るがす大異変が起こらないとは断言できませんが、現時点では発生する確率は１％から数％ではないかなと思います。

実は、私がネット上の有志の方々と地震観測を続けて、もう17年ぐらいになります。

大気イオン測定や宇宙天気予報、ＦＭ電波観測、ＧＰＳ観測や植物電位変化などいろいろと観測しています。

3．11の半年以上前から地震予知の会にいくつか所属して、専門の教授や物理学のネット仲間が各地で異変が起きているといっていました。

3．11後は、我々のようなアマチュアを含む多くの人が、「地震予知学問は何の役にも立たない」という無力感を味わいました。

でも、学問はやはり人の命を守るものです。中でも重要なのが、物理と化学だと思います。観測者の中には、FM電波の異常を観測することで地震の予測をする方もいらっしゃいます。

地震の規模が大きいほど、半年前になると何かしらの大きな予兆があります。

ですから、自然現象に現れる前兆を見てからでも十分に間に合うかな、という気がします。

隕石に関する重大情報があれば、NASAが必ず発表します。

地球と月の距離は約38万キロほどです。地球と月の距離の4分の1、地球から10万キロ以内に小惑星や隕石が通過することが予想されましたら、NASAはもちろん、世界中にいるアマチュア天文家たちがそれぞれの望遠鏡で確認できますから、必ず情報が発信されるでしょう。

例えば、彗星探索家の木内鶴彦先生が彗星などの動きを観測した結果、「来週はあの辺りを通過するだろう。ひょっとするとオーストラリア北の沖合に落下する可能性がある」などと予想するように、きちんとした地位や職位のある方たちのエビデンスがやはり大事だと思います。

いまのところ、世界を揺るがすような天変地異が起こる可能性は０％にはなっていないと思います。誰かがその情報を、チャネリングやメッセージで受け取っていることも考えられますね。

大災害が3次元的に起こるのかどうか……。各国の科学者たちの観測データをもとに、ある程度の動きは予測できるはずです。

私は、「運命の日」のギリギリまで東京にいるつもりです。危険を察知したら、すぐに告知しようと思います。本当に異変が起こりそうならば、私のところにも情報がもたらされるはずですから。

「その日の外出は控えたほうがいいですよ」

「他県に移動して安全な場所へ移動してください」

「何か嫌な予感がしたら、身の周りの荷物をまとめて新幹線に乗ることです。長期の旅行へ出かけるつもりで」などと、そのときは、いろいろ助言しようと考えています。

私が危険信号を発すれば、瞬く間に皆さんへ伝わるでしょう。

私一人だけが逃げ出すことはありません（笑）。

保江　それなら皆さん、安心してくれるでしょう。茶坊主さんが東京にいらっしゃる間は大丈夫だと。

茶坊主　そう思います。

私は、予言・予知をされる方を嘘つきとは全く思っていません。

いろんな方々が海外にいらっしゃいます。さまざまなレイヤー、バタフライ・エフェクトがあるように、未来にもいろいろなレイヤーや可能性、選択肢があります。

もう少し考えながらデータ分析する時間は、十分に残されていると思います。いまからどこかへ移動するのも間違いではないと思いますが、費用対効果を考えるともう少し待っても大丈夫でしょう。

ただ、本人と家族の安心を優先すべきだとすれば、いまから安全そうな土地を購入して家を建てるなどしても一向に問題ありません。

保江　なるほどね。まさにいちばん良いお答えだったと思います。

茶坊主　恐縮でございます。

異変の直前は、まずＧＰＳ（全地球測位システム）などによって地殻の変動を数値的にキャッチすることができます。

海水温度や海流にも変化が起こるなど、必ず何らかの動きが可視化されるはずです。

日頃からインターネットに接している方であれば、必ず大異変の前兆となる情報をキャッチできるでしょう。

生成AIが人類を危機に陥れる未来はくるのか？

保江　なるほどね。

実は、もう一つお聞きしたいことがあります。

先ほど、生成ＡＩの話が出ましたね。いまや、チャットＧＰＴは人間のように自然で正確な解答を発する存在になりつつあり、文章作成も難なくこなすように見えます。

実は30年ほど前、僕は近未来ＳＦ私小説『サイレントクィーン』を書きました。主人公は、日本人の理論物理学者・岩城たくま、つまり僕のことです。

登場人物は全て、僕の人生で出会った人たちです。

私小説ですから、僕の実体験が土台ですが、フィクションも含まれます。

例えば、１９９７年にパリで悲劇的な死を遂げたイギリス王室のダイアナ妃の話をはじめ、いろんな陰謀論を書きました。ダイアナが死に追いやられた原因や、知性を備えたインターネットが暴走し、これを悪用するイギリスの学者・ペンローズの暗躍だとか。

といっても、無名の人間が書いた小説ですから、出版界で注目されるわけがありません。ちょうど電子書籍が普及し始めた頃に出したのです。でも、批評だけはいろんな方々から寄せられます。

その中に、「これはすごい作品だ。スケールの大きなストーリー展開に、寝る間を惜しんで読みふけった。漫画家を目指す人間にとっては必読の書である」なんて、思わず赤面しそうな批評があったのです。

実は、僕自身も、「小説よりも漫画のほうが面白いだろうな」と常々感じていたのですが、この作品がいままさに、漫画化されようとしているところなのです。なんと、それを新進気鋭の美人漫画家のS.さんが漫画にしてくれ、明窓出版から単行本として出版されます。

ＡＩの出現を予見したような形になりましたが、僕はその作品で知性を持つインターネットを描きました。

ある日、人間が作成したメールに似せて巧妙に作られたメール――「ファントムメール」と名付けました――が、飛び交うようになります。

それと知らずにそのファントムメールを開けた人間は、超新星からの電磁場変動、あるいは地球の電磁場変動の影響を受けて、人格が変わってしまいます。


つまり、僕の小説ではインターネットの中に潜む邪悪な存在が、人間を間違った方向へ動かそうとするのです。これに気づいたヒロイン神谷由理子が奮闘します。岩城たくまは命がけでこのヒロインを助けようとするのです。


僕が30年前に書いた小説におけるキーワードの一つが、「知性を持ったインターネット」でした。それが、いまになってチャットGPTなんてものが出現したわけです。チャットGPTは、会話といい文章といい、人並み以上の能力を持っていますよね。

最初、僕はこれを冗談半分で受け止めていました。

「きっと、賢い奴がどこかに潜んでいて、裏で機械を操っているのだろう」と思い込んでいたのですが、どうもそうではないらしい。機械がすでに、人間を超えているのか、と愕然としたわけです。

30年前に描いた空想が、いまや現実になってしまいました。

僕がいま危惧しているのは、地球人以外の知性がすでに地球上のネットワークに紛れ込んでいるのではないかということです。チャットＧＰＴの出現に、「ＡＩが人間を超えるなんて、すごいなあ」などと、手放しで喜んでいる場合ではないと思うのです。

国連も生成ＡＩの将来について、「技術の規制やルールを設けて監視するべきだ」という提案をしているようですが、このままだと、気がついたら人類はチャットＧＰＴの召使いになっていたなんていう事態を招きかねません。

プライバシーの侵害どころの話ではないと思うのです。

秋葉原を聖地とされる茶坊主さんがご自身でプログラミングをされると知って、生成ＡＩと人間との関係について、ぜひお聞きしたいのです。

僕は小説の中で、インターネットは高次元の世界につながりやすいテクノロジーとして描いたのですが、実際にもし、インターネットが高次元と接続しやすいとなれば、ファントムメールのように異次元からのメッセージが、チャットGPTを通して人間に伝わる可能性があるのではないでしょうか。

これまでAIと称する人工知能の反応とばかり思っていたものが、実は高次元世界からの返事だったなんてことがあるのではないかと。

例えば、茶坊主さんがインターネットの中に存在することで、みんながその恩恵に浴することができる。福音がネットを通じて広がり、「幸福の黄色いタンポポ」の世界が実現するかもしれない。こういう話であれば安心できますが……。

でも、3次元世界でプログラミングされたAIが突然知性に目覚め、同時に自我意識が芽生えるようになることは考えられないでしょうか。映画『ターミネーター』シリーズや、『2001年宇宙の旅』のHALのように。

茶坊主さんの見解を聞かせてください。

茶坊主　それはきっと、保江先生が小説を執筆された時代に存在した一つのレイヤーだったのでしょう。AIが知性を持って暴走し、先生が危惧される世界に突入する可能性は30％くらいでしょうか。

しかし、何度も申し上げたとおり、人類の総意はALL HAPPYにあるのです。明るい未来ですね。

あるとき、「地球の最後の言葉は何ですか?」と守護霊たちに聞いたことがあります。

答えは、「『みんな頑張ったね』でしょうね」とのことでした。

先生のご執筆当時は、その未来の選択肢やレイヤーと時間軸などが重なった世界、ある一つの現実化に最も近い未来みたいなものがあったのでしょう。

誰か一人がインスピレーションを受けると、世界のどこかで100人の人間が同じようなインスピレーションを同時多発的に受けます。

私の知り合いに、トヨタやホンダや日産の、未来を感じる車、万博などで発表されるコンセプトカーの製造に関わっている人が、何人かいます。

彼らによると、あるアイデアが自分の脳裡にひらめくと、どこかにいる見も知らぬ100人も、同じようにひらめくそうです。だから、一日も早く製品化して特許出願を出さなければばならないと話していました。

当時の保江先生が抱いていた未来観は、１９８０年から90年代に同時多発的に存在したのだと思います。

１９８０年代の映画に、『ウォー・ゲーム』があります。高校生のコンピューターオタクが偶然に北アメリカ航空宇宙防衛司令部の人工知能にアクセスしてしまい、これを戦争ゲームだと勘違いするのです。そこから、米ソ核戦争が実際に勃発しそうになるという設定です。

当時は、アメリカとソ連の冷戦時代の真っただ中でした。

米ソ核戦争になれば、地球は終わりです。そういったレイヤー、世界観、選択肢もたしかに当時ありました。

けれども、そんなことになっていいはずはありません。それで、地球外の高次元から、核戦争にならないように、人類にそれぞれふさわしい選択肢や未来、情報を一斉に送ることにしました。ですが、当時はいまでいうチャネリングができる方はたくさんはいませんでした。

そんな中、遠くからメッセージを送るのではなく、もっと近寄って送るために、ＵＦＯで地球へ近づいてコンタクトを試みた存在がいました。いちばん身近にコンタクトができるようになったスイスの能力者、ビリー・マイヤーを始めとして、コンタクトできる方が各国に少しずつ増えてきました。

ビリー・マイヤーには、地球外の様々な情報がもたらされたといわれています。地球を平和に導く方法や、超合金、地球上ではできない金属の作成方法など、その情報は膨大であったといわれています。

一方、もっと自然な形で人々の心に響くように、地球外の高次元存在がそのメッセージを歌や音、音楽にしたりもしました。こと座のベガなどは、その代表だと思います。

歌や音や音楽、ダンスなどで表現されたコンタクティー、メッセンジャーは、ロックバンドのクイーン、マイケル・ジャクソン、ホイットニー・ヒューストン、アバなど、皆様がよくご存じの世界的に有名なスターたちです。

星からのコンタクティーでありメッセンジャーでありますから、まさに「スター」ですね。

映画界では、ジョージ・ルーカス監督やスピルバーグ監督などにより、ＳＦの世界が広がったというのはご存じの方も多いでしょう。

映画や音楽やダンス、さまざま世界観を通してより地球が進化するように高次元の存在は私たちに、最善な方法を提案してくれました。

20世紀は、核戦争と平和が天秤にかけられているかのごとく、綱渡りのような状況下で私たちは走り抜けたのです。

これがどれほど大変で立派なことだったか……。どれほど緊張が世界を、宇宙を駆け巡ったかは、想像を絶します。

素晴らしく立派だったのは、20世紀だけではありません。今後の21世紀は、さらに素晴らしい世界が待っています。ZoomやチャットＧＰＴ、新薬の開発や医療の発展、空飛ぶ自動車などとあふれるほど現れてきます。

実は私は、自他ともに認めるフリーソフトウェア・オタクでもあります。無料で使用できるオープンソースのOS、Linux《リナックス》にはとても魅力を感じるのですが、使い始めるとすぐにのめり込んで他のことができなくなると思いますので、還暦を過ぎてから始めようと思っています。

悪とともに常に善が存在する世界

茶坊主　Linuxの誕生やホワイトハッカーの登場は、希望の光だと思います。ハッカーといえば、悪意を持ってコンピューターシステムを破壊したり、情報を漏洩したりする邪悪な存在として知られていますが、いまではそのハッカーを退治するホワイトハッカーが増えています。

OSもどんどん進化していますね。MacOSやWindows、レッドハットやラズベリーパイなど、いろいろありますが、私はやっぱりLinuxがいちばん好きですね。開発者たちの集合体のオーラが素晴らしくきれいで、輝いています。

こういった方々が地球上にいるおかげで、叡智が連結し継承されるのでしょう。Wikipedia《ウィキペディア》も素晴らしい存在だと思います。

私はときどき、まとめてウィキさんに寄付するようにしていますが、読者の皆様も、300円でも結構ですので寄付していただけるとありがたいですね。

保江先生が心配されているように、AIを悪用する存在も当然出てくるでしょうが、その一方で、Linuxやホワイトハッカーのようにいつも軌道修正しようとする善的存在がいます。ですから、善と悪がうまくバランスを取りながら進んでいくのではないでしょうか。

AIを悪用するのは簡単ではないと思います。AIの悪用を防止するAIを開発する人も現れることでしょう。あるいは、悪用防止のプログラムをインターネットに流し、ワクチンみたいに普及させることも考えられます。

いずれは皆さんの手によって、閉域網（＊インターネットやインターネットに接続されている機器には接続されず、外部から直接アクセスすることが不可能な通信ネットワーク）やVPN（＊Virtual Private Network　仮想プライベートネットワーク。大規模ネットワークのスケールメリットと管理設備を利用するために、パブリックネットワーク内に構成されるプライベートネットワーク)、スタンドアローン(＊コンピューターや情報機器が、ネットワークや他の機器に接続しないで、単独で動作している環境)という状態になるような気がします。

ＯＳについて、予言を一つしますが、近い将来に東南アジアを中心に新しいＯＳが誕生するはずです。MacOS、Windows、Linux以外のＯＳ。

あの一帯では優秀な人がどんどん現れていますので、4番目のＯＳがお目見えするでしょう。もっとシンプルに共有できて、悪用されにくいようなスタイルで始まるのかなと。

皆さんがお持ちのスマホも、スティーブ・ジョブズさんの発明を機に著しい進化を遂げました。スマホ一つで世界中の皆さんとの連携が深まりましたし、地球の裏側で起こった出来事を1分以内に見ることもできるようになりました。

YouTubeでも、明るく楽しい画像は、あっという間に1億回の再生回数を達成します。みんなでシェアしたいという思いが一気に広がるのでしょう。

ですから、ユーチューバーの皆さんも、こちらの世界における新しいエネルギーワーカーです。ああいった方たちがどんどん増えてくるでしょう。

悪意に満ちたアプリが開発されることはあっても、長くは続きません。「これ、おかしいぞ」と目を光らせる方々が大勢いますから、監視の網をくぐり抜けるのは容易なことではないでしょう。

これからの世界は、皆さんがオーラを見たり感じたりできるようになります。それは、悪意や歪みを感じ取ることができるという意味でもあります。たとえ見えなくても、なんとなくこれがそうなのかな、気のせいではなく「気」のせいだ！　と感じられるようになるでしょう。

昔、守護霊にいわれたことがあります。

「これからは嘘をつけない世の中になりますよ。嘘はすぐにばれるのです」と。

真っ白なオーラの中に、ポツンと真っ黒なオーラが現れればすぐにわかります。

講演会などで話しているうちに、皆さんのオーラが明るくなるだけで未来も明るくなるのです。不安・恐れ・取り越し苦労はかなぐり捨てて、とにかく前向きで明るいことをいつも考えるのです。明るい材料がなければ、妄想すればいいのです。

皆さんやご家族のオーラが明るくなれば守護霊との距離も近づき、新しいメッセージが次々に降りてくることになります。善意の運動が各方面へリンクしていけば、世界平和に結びつきます。

そうするとエンジニアやプログラマー、開発者の皆様方のひらめきや新しい技術などが生まれやすくなる環境ができていきます。

彼らは、高次元とアクセスしているいわゆるチャネラーでもあるからです。

私のようにメッセージを皆様に届けるメッセンジャータイプや、高次元からこの世界に降ろした技術などの良いものを広げるエンジニアや開発者、研究者、映画やエンターテイメントの世界で広げるプロデューサーやディレクター、俳優や声優など、良い輪や良いエネルギーが、ますます広がっていきます。

良心の輪が広がることは、悪事を企む存在を締め出すことにつながります。良心の持ち主たちに周りを固められた中で悪いことをすれば、「そんなことをやってはいけない」とたちまちとがめられるでしょう。

一人の良心から二人、三人と、みんなで少しずつ広げていけばいいのです。それが「ONE FOR ALL, ALL FOR ONE」になると思います。


仕事柄、システム開発の方々のお話を聞く機会が多いのですが、最終的にはインターネットやＡＩの悪事は長く続かないでしょう。

皆さんは、必ず気がつきます。ＣＭが異様に増えたり、すぐに課金を要求してきたりすれば、違和感を覚えるはずです。嫌ならば、アンインストールすればいいことです。


ＯＳの開発も、同じ状況だと思います。

良い輪が広がり良いオーラの方々が作り出すシステムは、私の個人的な印象としてはやはりユーザーにとって優しいといえます。丁寧に作られ、かつユーザー目線で考え出されたシステムはとても役に立ちますし、拡張性も高いものです。

そういった開発をされる研究者やセキュリティホールを研究する方々を、大切にしていきたいものですね。

ただ、ホワイトハッカーや良心的なプログラマー開発者たちの悩みの種は、やはり資金が足りないことだと思います。でも、そういった方たちを支援する方も必ず現れます。

ゲームクリエイターやプログラマーにはチャネラーが多い

茶坊主　余談になりますが、任天堂の Switch や SONY のプレイステーションも、皆さんのオーラが輝く一つのソースですね。

保江　ああいうゲームもそうなのですか。

茶坊主　任天堂さんは、明るいオーラの集合体ですよ。１９９６年にゲームボーイ用ソフトとして発売されたポケモンは、世界中の人々から愛されるようになりました。

何といっても、他の惑星の星人が一緒になって遊ぶのが魅力ですね。

スピリチュアル的な目線からお話しすると、ゲーム『ゼルダの伝説』のようなエルフの世界といった惑星があります。『ドラゴンクエスト』や『ファイナルファンタジー』も同じです。

実際にある他の惑星のお話をゲーム化している開発者やプログラマーは、もちろん、チャネラーであるといえるでしょうね。私の知り合いのゲーム開発者は、実際にチャネラーが多いですし、普通ではまず見られない輝かしいオーラで満たされた方々がほとんどです。

ゲームを実際にプレイしていると、皆さんはゲームの世界、異次元空間や他の惑星に心もオーラもシフトしちゃいます。幽体離脱というい方もできます。

VR（＊Virtual Reality　仮想現実）やAR（＊Augmented Reality　拡張現実）などを使うと、一時的にもっと大胆にシフトします（ここでいうシフトは、他の次元に意識や感覚などを移行させることを指します）。

VRを開発しているチャネラーに聞いたところ、VRをしている人のオーラを見ると本当に幽体離脱しているそうです。もちろん、その方も普通に人や空間や鉱石のオーラが見えている方々です。ゲーム開発者には、オーラが見える方が多いですよね。

保江　やっぱりそうですか。

茶坊主　ですから、新しいゲームやOSやチャットGPTなどの発表が始まってくると、この次はVR、その次はARが始まっていくという様相になっていきます。空想や妄想、仮想、これがおそらく3次元と4次元のちょうど中間層になっていて、この中間層がますます私たちの生活に身近に感じてき始めます。

さらに生活の大部分や、人生そのものになっていくでしょう。

海外の大学や研究機関に勤める開発者や研究者の知り合いがさまざまいるのですが、彼らの動機や心、マインドが理性的でかつ、良心に満ちていれば道を外れたりはしないでしょう。彼らがぶれない限り、私たちの未来は明るくなっていきます。

もちろん、私たちも彼ら任せにはせず、自分自身のオーラを輝かせる努力が必要です。

私たち一人ひとりがぶれずにベストを尽くしていけば、必ず良い結果へとつながっていきます。

良い原因は、良い結果にしかならないからです。

保江　それは安心できますね。

ここで、読者の皆さんの理解を促すために補足説明しましょう。

先ほどのお話に出たLinuxは、もともとUnixという最も古く単純、明快なＯＳを土台に開発されました。

そもそもコンピューターは、アメリカの原爆開発の一環として生み出されたのです。そのキーパーソンとなったのが、ハンガリー生まれのユダヤ系ドイツ人の数学者、ジョン・フォン・ノイマンでした。あのアインシュタインが、「世界一の天才」と認めた男です。

アメリカに渡ったノイマンはマンハッタン計画に参画し、広島と長崎に落とされた原爆開発に大きく貢献します。第二次世界大戦後、爆弾の弾道や威力を正確に予測するには大量の計算が必要であることがわかり、ノイマンは電子計算機、すなわちコンピューターの開発にのめり込んでいくのです。

ノイマンは、コンピューターの内部に最初からプログラムを内蔵させる方法を思いつきます。ここでソフトウェアの概念が初めて登場し、「ノイマン型コンピューター」として現在のコンピューターの基礎を築いたのです。

ノイマン型の出現によって、それまで原爆の複雑な計算に利用されていたパンチカード方式の機械式コンピューターは、過去の遺物となりました。ノイマン型の潮流に乗って、コンピューターの普及に大きく貢献したのが、インターナショナル・ビジネス・マシーンことＩＢＭです。

１９５０～60年代にかけて、ＩＢＭは大型汎用コンピューター（メインフレーム）を次々に開発します。

ところが、この巨大なコンピューターを制御するプログラムが複雑極まりなかった。設計者でさえ、理解できないくらいの難物となってしまったのです。プログラムをわずかに変更するにも、ものすごい手間がかかるようになりました。

わずかなエラーの解消にも、数百人が頭を抱えて修正箇所を探し出すほど手に負えないプログラムになったのです。

「こんなのおかしいよ」と立ち上がった一人のエンジニアが開発したオペレーションシステム（ＯＳ）が、Unix でした。ＯＳの開祖ですね。

Unix はオープンソースです。そのソースコードは公開され、誰もが閲覧できるし、触ることもできます。ＩＢＭのように秘密主義ではありません。

ただし、どこかを触ったら開発者側に連絡するのがルールです。世界の誰かがエラーを見つけてくれれば、その情報をもとに修正するというシステムになっています。

余談になりますが、１９８０年代には、ＩＢＭの機密情報を盗もうとした日本企業の社員が逮捕される産業スパイ事件が発生しましたね。Unix のプログラムは単純・明朗・明快ですが、ＩＢＭのレベルが高いマシンに匹敵するぐらいのことをやってのけるようになりました。

ビル・ゲイツ氏のマイクロソフトが台頭し始めたのは、その後のことです。パソコンが登場し、ＯＳとしてＤＯＳ（ディスク・オペレーティング・システム）が使われるようになりました。でも実は、ＤＯＳはUnixもどきにすぎなかったのです。

そのうちに、「なんだ、別にマイクロソフトのＤＯＳじゃなくて、UnixをインテルのＣＰＵで動くようにしておけばいいじゃん」と声を上げたのが、フィンランド出身のプログラマーである、リーナス・トーバルズでした。Linuxの開発者ですね。

もともと、彼がヘルシンキ大学の学生だった頃に、自宅で趣味として始めたものでした。完成した試作品をＦＴＰサーバーにアップロードしたところ、多数のプログラマーが興味を抱き、いろいろと手を加えることによって進化して、現在の姿になりました。

開発者である自分の名前リーナス（Linus）の「Li」をUnixにくっつけて、Linuxとしたわけです。

Linuxもオープンソースを売りにしたところ、あっという間に世界へ広がりました。

やはり、秘密主義を貫いてきたマイクロソフトにとって、Linuxの登場は計算外だったでしょう。Windowsなんて、どんなプログラムかもわからないＯＳは裏でいったい何をやっていることやら……。

Linuxの存在は、それに対するアンチテーゼといえます。

いまでは世界中のエンジニアが使うようになりました。学者はだいたいLinux派なんです。裏表がないし、利用者が何をやっているかがわかります。その透明感がいいですね。

そうこうしていたら、アップルのマッキントッシュ、Ｍａｃが、ついにそれまでのＯＳをLinuxで作り直しました。だから、いまやＭａｃもLinuxなんですよ。

ＭａｃのＯＳもオープンの方向に向かっているわけです。

考えてみると、たしかにパソコンは、UnixやLinuxのように純粋・純真なエンジニアたちの個人的な努力によって進化してきたわけであって、オープンソースで、オープンマインドが基本姿勢だったのです。

インターネットも、実は、１９６０年代の終わりにアメリカで軍事利用を目的に構築されたネットワークが母胎となっています。

しかし、これからはみんなが楽しく、面白く生きていける方向に向かうべきだと思います。僕が思うに、コンピューターをお金儲けの道具としか見ていないＩＢＭやマイクロソフトの秘密主義がおかしいのです。

いまでは、マイクロソフトやグーグルのような巨大企業がネット世界を牛耳り、チャットGPTが我々のような一般ユーザーを面白がらせるようになりましたが、高次元の世界とつながっている純真なオタクたちは目先の利益には目もくれず、もっと先の世界を見ているのでしょう。ゲームの世界も、同じだと思います。

だから、たとえAIやゲームソフトが人類を邪悪な方向へ向かわせようとしても、彼らが軌道修正してくれるはずです。茶坊主さんのお話を聞いていて、とても安心しました。ありがとうございます。

茶坊主　本当に、おっしゃるとおりです。昔、MIT（マサチューセッツ工科大学）やハーバード大学、北京の清華大学にいた知り合いが、すごい話を聞かせてくれました。LSE（＊London School of Economics and Political Science）などの知り合いも、とんでもないことを教えてくれます。

テクノロジーやインターネットビジネスなど、もうそこまで進んでいるのか、とため息が出るような話ばかりです。

パート6　「オタク」が地球を救う！

グッドニュースを探せ！

茶坊主　優秀なエンジニアの方々は、私なんかよりもはるかに上の存在です。エンジニアの皆さんのお力になるのが、私の目標です。

エンジニアの方々で、集団瞑想会でも開きたいと思うくらいです。彼らのオーラとバイブレーションを上げれば、もっと偉大なことが始まります。

赤崎勇教授、天野浩教授、中村修二教授が発明した青色発光ダイオード（青色ＬＥＤ）は、世界的に省エネを実現しています。いまや、地球温暖化対策には欠かせない存在となりました。

そして、日本人というのは世界の中でも異質で、霊性がアップダウンしやすい人種であるように思います。チャネラー向きの人材が多い気がしますので、これからは、日本をはじめアジアから、素晴らしい発見が生まれると思います。

ここ数年、世界はウイルス・台風・地震・火山噴火、そして戦争に振り回されてきました。このような状況で明るい未来を描くには、努力が必要かもしれません。

でも、さまざまな分野における最先端技術を少し調べるだけでも、グッドニュースはたくさんあります。要は、探し方を工夫すればいいのです。

100年後の希望に満ちた世界を脳裡に描く科学者や、エンジニアは各国に大勢います。

そうした人たちは他人との接点を持ちたがらない傾向にあるかもしれませんが、彼らこそが本物の霊能者ではないだろうかと思うこともあります。

保江　そうですね。

茶坊主　そういう優秀な人材がこの世に生まれ続ける限り、この惑星は良き方向へ進むはずだ、と最近はしみじみと思います。

繰り返しになりますが、ネット上には、本当に驚くほどのグッドニュースがあふれています。

研究者を対象に作られたホームページを見ていると、「今度は、こんなものが誕生するのか」と胸が躍る思いです。

私はオタクですから、自宅に引きこもってそんな情報ばかりを見ています。

先述したトヨタの水素エンジンも実用化に近づいていますし、NECは光海底ケーブルで世界最長となる2100キロを超える長距離伝送に成功しました。毎秒800ギガビットの伝送性能は、世界の最高水準です。日本が世界に誇れる技術の一つですね。

世界で最初に海底ケーブルが敷設されたのは、1851年の英仏海峡です。その約20年後には、長崎と上海に海底ケーブルが敷かれました。海底ケーブル敷設は、軍事面からも世界各国の重要な政策となり、地政学的要素と密接に結びついたのです。

NECは、半世紀にわたって海底ケーブル事業を手がけてきました。

アマゾンで生まれた赤ちゃんを、パリの人がすぐさま祝福できるような平和利用に、貢献してくれることと思います。

インターネットは、当初米ソ冷戦時にミサイル攻撃があった場合、システム破壊を最小限に抑えられるように情報を分散し、それぞれ拠点を通信で結び備える軍事目的が始まりでしたが、冷戦が終わり、ミサイル攻撃の危険性が少なくなったため、その通信網は学術に利用されて、大学から企業、そして民間へと利用が広がってきました。

いまは平和利用されているのは、皆様もご存じのとおりですね。

このように、インターネットの誕生には、光と影がありますね。

物事には、必ず光と影があります。影が濃いのは、光がそれだけ強烈だからです。

いま、皆さんがこの世を暗いと感じるのは、光があふれている証です。

いまの世界は、太陽の存在に気づかないくらい光が強いと捉えるべきでしょう。

目を闇にではなく、光に向ければ、未来も輝くと思います。

保江　いいですね。まさに黄色いタンポポが咲く。

茶坊主　半導体で世界のトップを走る台湾では、次世代CPUが生まれつつあります。

素晴らしい光を放つオーラの集合体です。アジアでは、大変なことが起ころうとしていると思います。

「ここから100年後の新世界が始まるんだ」と思うと、ドキドキを通り越していても立ってもいられない気がします。20年、30年後には、いまの子どもたちがその担い手になるわけですから。

喫緊《きっきん》のエネルギー問題、地球温暖化問題、食糧問題は、全て解決すると信じています。波乱の20世紀はすでに過ぎ去り、いまや22世紀に向かって我々は歩いているのです。

テレビ・新聞のニュースだけが全てではありません。

グッドニュースは、なかなか気づきにくいものです。タンポポが道端に鮮やかな黄色い花を咲かせているのに、私たちの目が向かないのと同じです。

何度も繰り返しますが、銀河系の中心に向かっている我々が暗くなるはずはありません。「宇宙の摂理に従っているのですから、大丈夫ですよ」というのは、そういうことなんですね。

保江　いまの「道端に咲くタンポポに気づけ」というのは、標語としても重要ですよ。

茶坊主　タンポポは、美しいですよね。アサガオやネモフィラ、ワスレナグサなど、種子から開花・結実してまもなく枯死する一年草は大好きです。

「ああ、今年もまた咲いている。来年もきっと会えるかな」という感じで、いつも見守っています。

一年草の花って、特異なオーラをしているんですよ。妖精のように可憐で、ふわっとしたオーラです。多年草のオーラもきれいですが、一年草の花には、いまこの瞬間に全てを捧げようとする健気《けなげ》な美しさを感じます。タンポポは一年草ではないですが、やはり大好きですね。

春先、路傍にしゃがみ込んでタンポポの花やオーラをじっと見ていると、通行人に「この人、何をやっているのかしら？」と不審な目で見られることもありますが……。

保江　よくわかります。8年前に白金に移ってきた頃は割合に暇だったので、周辺をよく散策しました。

春風に吹かれて歩いていると、タンポポの鮮やかな黄色が目に飛び込んできます。アスファルトの割れ目から顔をのぞかせていて、か弱き存在が、文明の重さをはねのけようとしているたくましさに気づかされますね。

山田洋次監督の『幸福の黄色いハンカチ』（1977年公開）にも象徴的に使われていますが、黄色は幸せのシンボルカラーであるように思います。

東京の都心にもこんな風景が残っているのだなと、思わず写真を何枚も撮ったり……。

茶坊主さん同様、道行く人はきっと変なおじさんだと思ったことでしょう。

おっしゃるとおり、タンポポの黄色い花に気づかなくてはいけないのですよね。ほっとする話を聞かせていただきました。

茶坊主　恐縮です。

「オタク」が地球を救う！

保江　未来はバラ色ならぬ、タンポポ色ですね。この本を読んでくださる方々も、本当に安心してくださると思います。

実は、若いプログラマーやゲームクリエイターって、寝不足がちの血走った目をして部屋に引きこもり、複数のモニターとにらめっこしているようなイメージでした。

情感が希薄というか、人間味に欠ける存在で、ひとたび洗脳されればすぐに悪の道に引きずり込まれるように思っていたのです。

でも、茶坊主さんのお話を聞いているうちに、この人たちは本当は純真なのだ、純粋に好きな道を追い求めて楽しいものを生み出そうとしてくれているだけなんだと気づきました。

いままでの不安がきれいに消えて、「彼らに任せておけば大丈夫」と考え直しました。

茶坊主 「オタクが地球を救う」のは本当だと思います。私もオタクの一人ですから、よくわかります。

さらにいえば、オタクのオーラって実に明るいんですよ。自分の世界観が確立されているし、好きな道を歩んでいるので。

アニメーターには、アニメの神々がついています。いくつかのアニメを見てはっと気がついたことがあります。先ほどのARやVRではないですが、アニメの世界観に集中し過ぎていつの間にか幽体離脱していて、気がつくと頭の中が全部真っ白になる瞬間もあります。

アニメも、宇宙からの贈り物じゃないかと感じますね。

保江　そうですね。最近のアニメは勧善懲悪ではないものが増えていますね。

茶坊主　アニメのプロモーションビデオを見ることがときどきありますが、天才アニメーターが手がけたのだなと思えるような作品がいくつも生まれていますね。

特に、アニメは映像ですから鮮やかなオーラがあります。

彼らなら間違いない、仮に脱線してもすぐに戻る。仲間がいれば、ファンもいる。

正道から外れることはないだろうと確信しています。

保江　たしかにそうですね。日本の漫画やアニメって、世界中で愛されていますからね。

例えば、愛国教育で日本嫌いになった中国人や韓国人の中には、日本でも、アニメだけは別だという人がたくさんいます。

わざわざ、アニメのコスプレやプリントTシャツなどで日本にやって来るほどの惚《ほ》れ込みようです。

「いったい、この作品のどこが面白いのだろう」と僕が思う『ONE PIECE』について、

うちの娘は、

「お父さん、あれはものすごく奥が深い作品よ」なんていいます。

僕自身が時代に追いついていないということでしょうが……。


昔、海鳴社という学術系の出版社から、物理学の解説書を何冊か出したことがあります。

そして、創業者である社長に、大腸がんの手術中の臨死体験の後に次々に起こった不思議な体験を書いた原稿を、「出版してくれないかな」と思いつつ読んでもらったことがあるのです。

社長さんは読んでくれたものの、「面白いことは面白いけどね……」と二の足を踏んでいる様子でした。そのあと、別の人にも原稿を渡して相談してみたのです。すると、

「これと同じような話が『ONE PIECE』にも出ているよ」というのです。

「僕の貴重な体験を、漫画と同じにするな」と思ったものですが……。

しかし、それを聞いた海鳴社の社長の態度が、がらりと変わりました。

「『ONE PIECE』に出てくるストーリーを実際に体験したなんて、すごいことじゃない

ですか」と。

それで結局、その原稿を出版してくれたのです。それ以降、一風変わったネタの本も出してくれるようになりました。

漫画とか、アニメの力を再認識した出来事でしたね。やっぱり作者のオーラですか。

茶坊主　そうですね。漫画はもちろんですが、一般書籍にもオーラがありますね。著者のオーラが混じり合っているのです。

保江　そうですか。一般の書籍にもオーラが……。

茶坊主　著者のオーラと作品のオーラ、それに出版社のオーラ、担当編集者のオーラの混合体です。

作品づくりに関わった皆さんの思いが本に込められ、書店の方々を「素晴らしい本だ」と感動させ、書棚で輝き始めるわけです。

本屋さんに行くと、明るいオーラを放つ本を目にすることがありますが、売れ筋の商品と見て間違いありません。

保江　へえ～、そういうのがわかるのですね。

茶坊主　平積みであろうが棚差し（＊書棚に差されていて背表紙だけが見える状態）であろうが、オーラが輝いているのはすぐにわかります。

いちばん明るいのはやはり、売り上げナンバーワンのベストセラーですね。書店に入ったお客さんがすっと引き寄せられる様子が、よく見えます。漫画も同じですよ。

映画『マトリックス』（１９９９年公開）はアカデミー賞４部門に輝いた画期的なＳＦアクション作品ですが、監督したウォシャウスキー兄弟は、世界観の見せ方に限界を感じていたそうです。漫画やアニメが創り出す世界にはかなわないと。

『鬼滅の刃』も、アニメならではの世界観を打ち出すことができました。一概にはいえないかもしれませんが、ハリウッドと違って日本の場合は、アニメ映画のほうが実写映画よりも製作費用の面で有利かと思います。

私よりもレベルが高い霊能者の中には、漫画の原作者も含まれます。彼らは独自の世界を構築することができるのです。

１９８０年代に、白泉社の『ヤングアニマル』で連載が始まった『ベルセルク』は、中世ヨーロッパを舞台に剣士と魔物が戦うダーク・ファンタジーです。本当に残念なことですが、原作者の三浦建太郎先生は２０２１年に54歳で急死されました。ご生前の三浦先生とは不思議なご縁でしたが、とてもよくしていただきました。

一見したところ、ごく自然体の方で、いつも分厚い本を抱えておられました。でも、とてつもないオーラを放っていましたね。「あの世界観は、こういう方から生まれたのだなあ」と感じ入ったことをいまでも覚えています。

他にも、私の事務所にお見えになる漫画家はいますが、若い方は将来が楽しみですね。10代という若い漫画家でも、素晴らしい作品を生み出すことが可能な世界です。

出版社への持ち込みも増えそうです。画を見た瞬間に、「うわっ！」となるような作品が、これからどんどん出てくると思います。

保江　昔は、描き上げた漫画をすぐに出版社へ持ち込む人が多かったですね。Ｇペンでカリカリカリッて画を描く姿が懐かしい。

でも、いまは漫画もデジタル。僕の漫画を描いてくれる美人漫画家さんが作品の一部を見せてくれて初めて知ったのですが、いまどきの漫画家やその卵たちは、紙の上に画を描かないそうです。ｉＰａｄを活用するとか。

茶坊主　デジタルベースですね。

保江　ｉＰａｄには漫画やイラストを描くアプリがあり、類似するシーンであればコピーするだけでダダダッと一気に描き上げることができるとか。これならば、製作にかける時間を大幅に短縮できるし、労力の節約にもなるでしょう。

それに、漫画家の卵でも、アイデアがパッとひらめけば、ｉＰａｄで一気に仕上げ、どこかのサイトにアップロードすればいいでしょう。その作品が編集者の目に留まって編集長がＧＯサインを出せば、出版の運びとなるのです。紙媒体と電子版のどちらでもいいわけです。

その中から、一躍人気作家になる人も現れますね。出版社の中には、WEB専用の持ち込み窓口を設けているところもあるようです。

出版社サイドにしても、昔のように手描きの持ち込み作品を一枚一枚めくりながら品定めする手間が省けるわけです。隔世の感がありますね。

漫画をめぐる環境も、先ほどのLinuxじゃないけれど、優れたオタク・エンジニアのおかげで劇的に変化しました。思い描いたビジョンがスピーディーに実現し、その世界がみんなの思いにインプットされやすくなったわけですね。

茶坊主　スピード化が著しいですよね。さらに、昔の漫画の持ち込み作品が月に何本くらいあったのかは知りませんが、デジタル化によってボリューム（作品数）が激増したでしょう。

大量の作品を1作ずつ精査し、選りすぐりの逸品が出版されます。近年は殊に、クオリティの高い作品が生まれやすい環境になったと思います。
良い波が掛け算のように重なっていきますね。2乗3乗4乗ぐらいにどんどん良い作品や良い作家さんが生まれていきます。

漫画の世界で大変なことが起こっているように、我々の日常の暮らしも目まぐるしい変化を遂げているということです。ネットの世界も、経済の世界も、スピリチュアルなエネルギーの世界も、人間のオーラも空間のオーラも、相乗効果によってますます拡大進化発展拡張は起こっていきますね。

そうなるとどう考えても、未来が暗くなるはずはありません。目に付きがちなバッドニュースにばかり気を取られることなく、全体を見ることが肝心だと思います。
何はともあれ、いまは楽しい話題を楽しみましょうと。

最近の面白いグッドニュースを探し出すとき、YouTubeの再生回数を参考にするのも一つの方法ですね。
前述した摂理の一つ、「あらゆるものは高きが低きへ流れ、低きは高きへ向かう」にのっとっていますので、再生回数順に見ていくというのもいいでしょう。ただし、理性的であり、かつ良心に満ちた作品でなければ意味はありません。人を不安に追い込んで再生回数を増やしたりする悪質なものは、もちろん除きます。

再生回数の多いものには、皆さんの無数の視線とオーラが集まってきます。私はときおり、映像をチェックしながら、いまのトレンドを把握するように努めています。

中には、双子の赤ちゃんが遊んでいるだけの日常的な映像がありますが、不思議なことに再生回数が非常に多いのです。でも、視聴していると確かに心がポカポカしてきます。「皆さん、これを求めているんだな」とわかることがあります。

保江　なるほど。

茶坊主　映像によっては、再生回数が2億回を記録することもあります。「どこが面白いのだろう」と感じることがありますが、それだけ大勢の人を引きつける何かを持っているのだろうと思えば、これも勉強になります。
再生回数順に映像を追っていくと、意外に楽しめますよ。

保江　宣伝目的のわざとらしい作りではなく、視聴者をほっとさせるような純真な映像だから再生回数が増えるということもあるのでしょうね。

茶坊主　その映像によほど共振・共鳴しないと、1億回なんて、とても達成できないでしょう。これだけ多くの人に受け入れられている現実を見れば、映像としての出来栄えも素晴らしいということです。

「偶然の産物」を引き出すAIのアルゴリズム

茶坊主　ところで、オーラクォーツってご存じですか？　オーラクリスタルともいいますが。

保江　あまり聞いたことがありませんが、普通のクォーツ（水晶）とは違うのですか？

茶坊主　天然の水晶に「蒸着《じょうちゃく》」と呼ばれる加工を施したものです。

真空状態において高温で熱した水晶に、やはり高温で熱した金属を吸着させるのです。

その結果、水晶の表面が彩り鮮やかに輝き始めます。一種のコーティングに見えますが、コーティングのように時間の経過とともに剝落することはほとんどありません。

水晶の蒸着は、人類が誇る偉大な技術の一つといってもいいと思います。

もちろん、これは人工的にできたものなので天然石のオーラとは異なります。ですが、オーラの色彩や印象は、天然石にとてもよく似ています。

ある意味、人工的に良質なオーラを可視化したものともいえるのではないかと思います。

それぐらい、よくできたお品です。

特に、ゴールデンオーラクリスタルは人間の輝かしいオーラにとてもよく似ているので、ブレスレットにしてつけてみたり、それを見ていたりするだけでも、人のオーラが変わっていくのが私には見えます。

天然石だけにパワーがある、というわけではないですね。

私は再生回数が多い映像を見て、ふとオーラクォーツを思い出したのです。天然石のように自然の中にあるものだけが特別なパワーを持つのではなく、ゴールデンオーラクリスタルのように、人が作り出すものの中にもとても素晴らしいエネルギーを帯びたものが生まれています。

動画や漫画などの作品も、人の手によって素晴らしいものが誕生することは、数えきれないほどあるはずです。

そして、これからの時代は、あらゆる分野に人が織りなす素晴らしい技術や商品や価値観、世界が生まれてくるのでしょうね。

共振・共鳴について、もう一つ。

Amazonで商品を調べると、「この商品をチェックした人はこんな商品をチェックしています」というメッセージが出て、類似商品がずらりと並びますね。ＡＩのアルゴリズムのなせる業だと思うのですが、あれもすごい技術だと思います。

同位体・同素体を一瞬で並べて同調させるわけですから。共振・共鳴の輪は確実に広がります。

YouTubeでも同じように、「この映像を見た人はこんな映像を見ています」みたいに同調が起こっています。でも、この同調作用がバッドに働くと、視聴者の皆さんの目にフィルターがかかり、たちまちオーラのレベルが低下するので極力避けなければなりません。

ですから、おすすめするのは良い映像に限りますね。

類友を呼ぶ技術を生み出したAIの能力には、端倪《たんげい》すべからざるものがあります。人間が事前にいろいろなデータをAIに教え込むことは間違いないのでしょうが、その先に関しては高次元の世界からアイデアが降りてきているのではないかな、と私は睨んでいます。人知が遠く及ばないほどのレベルです。

高次元の誰かが、「システム的にはそんなに難しくないので、ちょっと作っちゃいましょう」みたいに囁《ささや》きかけるのでしょうか。こうしたミニプログラムのようなものがどんどん集まると、最後には震えが来るぐらいの現象が起きるわけです。

小波《さざなみ》が大津波に化けるようなものですね。

私は、「世界一往生際が悪いポジティブニスト」を自称しています。世界中の人々が私にNOを突きつけても、私は絶対に諦めません。他の惑星や銀河から誰を引っ張ってきても諦めない、超頑固タイプです。

ただ、自分のオーラが暗くなると要注意ですね。方向転換する必要があります。自分はもちろん、人様のオーラが明るく美しくなることほど素晴らしいことはありません。ですから、オーラが見える能力に恵まれてよかったと心から思います。

保江　大変興味深いお話でした。

いまのお話で思い出したのが、学生時代によく使った辞書・辞典です。英和辞典でも国語辞典でもいいのですが、昔は紙の辞典しかなかったでしょう。受験勉強でわからない単語の意味を調べようと、みんな辞書を引いていましたね。

辞書というのは透けるくらい薄い紙ですから、ページが指先にへばり付いてめくるのに手間がかかります。もたもたしているうちに、違うページの別の単語に目が行ってしまうことがたびたびありました。

「こんな単語があるのか」「この単語にはこんな意味があるのか」などと思いながら、調べようとしていた単語のことなどすっかり忘れてしまったり、たまたま開いたページの単語に釘付けになったりしたものです。


いまの受験生の大半は、電子辞書を使っていますね。たしかに、調べたい単語の意味が瞬時に表示されてとても便利になったのですが、「これでいいのかな……」とふと疑問に思うときがあります。

つまり、電子辞書には、無造作にページをパラパラめくるうちに偶然に目に留まる単語、いい換えれば「偶然の産物」が生まれる余地がありません。

「これって、ひょっとして由々しき問題なんじゃないの」と思うのです。偶然は必然である場合もあるでしょう。

「その単語は、いま覚えておいたほうがいい」と、高次元の存在がそのとき示してくださったのかもしれない。

「電子辞書ではそんな偶然も体験できないだろうな」と思っていたところへ、茶坊主さんの話を聞いて少し安心しました。

Amazonの「この商品をチェックした人はこんな商品をチェックしています」のように、「この本を購入した人はこんな本も読んでいますよ」と関連本がずらりと表示されるのは、いわば「偶然の産物」と同じなのですね。

茶坊主　そうなんです。あれはすごいシステムだと思います。類友と類オーラが集まるようなものです。

保江　そうですね。

茶坊主　お目当ての1冊の本を買ったところ、同じ分野の違う本が瞬時に見つかる。しかも、Amazonでは「サンプルを読む」ことも可能です。書店における立ち読みと同じですね。

その上、その本を読んだ人のレビューまで紹介しています。このシステムに初めて接したときは、震えるほど感動しました。いま、世の中ではこんなことが起こっているのかと。

以前は、本屋さんで欲しい本の在庫がなければ、入荷する日まで待たなければなりませんでした。場合によっては、大型書店に足を運ぶ必要がありました。

私は、国会図書館にも何度も足を運んだものです。該当する分野を検索すると、数百冊に及ぶこともあり、その中からまた探し出すこともありました。

国会図書館にある検索ＰＣの前に朝から晩まで張り付いて、本が貸し出し可能になったら受け取りに行って速読で読んですぐ返却し、また検索ＰＣの前で貸し出し予約をする。こういった繰り返しを何年も行っていました。


探す面白さはありましたが、何しろ大変な時間を費やすことになります。

その点、いまの人たちは恵まれていますね。Amazonで検索すれば1回瞬《まばた》きする間に類似本がずらずらと現れるし、しかも絶版になった本まで出てきます。古本屋巡りで足を棒にする必要もなくなったことでしょう。

僕らの時代に比べれば、天国ですよ。

保江　昔はたしかにそうでしたね。

僕も、いまでは Amazon システムの恩恵をたっぷり受けています。

Amazon で本を購入すると関連本が案内されるだけではなく、あとでメールが来るでしょう。「以前、お買い求めになった本と関連する書籍で、こんなのもありますが如何ですか？」みたいな内容で。

当初は余計なお世話だと煩《わずら》わしく感じていましたが、あるときにきたメールを見て、「あれっ、この先生はこんな本を出していたんだ」と知ったのです。Amazon メールがなければ、知りようがない情報でした。

そのあと、その本を購入したのですが、やっぱりすごいなと感心しましたね。

こうして、「偶然の産物」はいまではネットの至る所で生まれているのです。

「日本全国の街から本屋さんがどんどん消えていくのは、スピーディーで至れり尽くせりの Amazon 書店にはなかなか太刀打ちできないからだ」と改めて思いました。

茶坊主　守護霊に以前、聞いたことがあります。「Amazonって、何ですかね？」「インターネットは、我々の一部みたいなものですよ。だから、ネット上はなんでも可能です」

4次元以上の存在である守護霊にはいわば電気の塊のような面があるので、インターネットに作用するのは難しいことではないという意味のようです。

「えっ、そうなんですか。すると、ＡＩを操作する人間のそばに寄り添って操っているわけですか？」と聞くと、

「いやいや、そんなことはしていませんよ」というお答えでした。

保江　すると、守護霊とネットは直結しているというわけですか？

茶坊主　はい、ほぼ一体化に近いほどだそうです。最初にいわれたときは何をいっているのかさっぱりわからなかったので、「はぁ？」と黙って聞いていました。

保江　なるほど、だからか。

特にAmazonが多いのですが、例えば著者の名前で検索すると、最初の1、2ページはその著者の著作がずらずらと並びます。でも、全く別の著者の本が交ざっていることがよくありますね。

それもAmazonの販売戦略の一環だと思ったのだけれど、実は、どれもあまり売れそうもない本。でもよく見ると、名前が違う別の著者なのに、中身が関連しているのです。

それがなぜ、検索にヒットするのか。キーワードには名前しか入力していないのに……。

茶坊主　その何かを探しているときに限って、普段ならほとんど読まないレビューに見入ってしまい、思わず「カートに入れる」わけです。

あれだけたくさんあるレビューの中のたまたま一つだけが心に刺さるというのは、高次元世界からのメッセージじゃないかと思いたくなりますよね。

あとで考えると、どうしてあのレビューを読んだのだろうと。きっと、他にもそのレビューにフォーカスした人が大勢いるのでしょう。

保江　不思議なことは、まだあるんです。

例えば、何か必要な物があると、とりあえずAmazonで検索して、割と簡単に見つかり、ああよかったとすぐに購入します。

しばらく経ってからたまたまその商品を誰かに見せると、「それ、俺も欲しいな」「じゃあ、買っておいてやるよ」という流れになり、Amazonで過去の注文履歴を探し出すわけです。

ところが、その商品がもうないことも多い。最初はただいま改装中みたいな表示が現れたので、１週間ほど待ってからもう一度チャレンジすると、「このURLのページは存在しません」となっていたり。

「えっ、どういうこと？」と頭が混乱しました。そんなことがいままでに数回ありましたね。

その一つが、愛車ミニクーパーのハンドルカバーです。ミニクーパーのハンドルのサイズは中途半端で、軽自動車や普通車のスタンダードなサイズと違うのです。日本で売っているカバーは、どれも合いません。

それで、Amazon他、ネットで必死に探したところ、1個だけ見つかったのです。すぐに注文したのですが、なかなか到着しません。半年ほど経ち、購入したこともすっかり忘れていた頃です。普段はほとんど接触することのない郵便局員が配達に来たのです。1階の郵便受けに入らないので、わざわざ部屋まで荷物を届けに来てくれたわけです。ボロボロの包装紙に貼ってあるラベルを見ると、「Hong Kong」と書かれています。開封して出てきたのが、柔らかい人工皮革でできたハンドルカバーだったのです。「あっ」と思わず叫びましたよ。小さく折りたたんであったので、最初はなんだかわかりませんでした。

いやあ、これには感動しました。船便で香港から半年かけて届けられたのです。僕はその足で駐車場へ向かい。ミニクーパーのハンドルに取り付けたところ、ドンピシャリ。もう、嬉しくてね。

入手までまた半年かかってもいいから、スペアとしてもう一つ欲しいと思い、そのリンクを探しましたがもう消えていました。

奇跡みたいな出来事でしたね。きっと、高次元の存在が、僕のために細工してくださったのかもしれません。

茶坊主　間違いないですね。保江先生に喜んでいただきたいと思ったのでしょう。

保江　ありがたいことです。まさにピンポイント、そのとき限りにしか手に入らない。でき過ぎですよね。

いったん手に入れば、それで終わり。「もう1個欲しいって？　欲張り過ぎだよ」ってことでしょう。まさにマトリックス的ですよね。

想いが叶う世界。現実にインターネットが、願いが実現する理想の世界を引き寄せているのかもしれませんね。

保江邦夫博士の伝家の宝刀

茶坊主　妄想に掛け算する理論があるようです。

妄想×動機×気合×気迫×行動=現実化、という公式です。「気迫」は、燃え上がるようなオーラを意味しますね。

潜在意識に刷り込むよりも、妄想するほうが手っ取り早いと思います。

潜在意識って、実はよくわからないのです。「顕在意識と潜在意識の境目はここです」と明確に線引きすることもできませんし……。深層意識と潜在意識の違いもよくわかりません。

でも、妄想といわれれば、皆さんにも馴染みがあるしシンプルにあれこれ想像すればいいだけなので、すぐに実行できるでしょう。オーラを見ても、妄想のほうがわかりやすいのです。

ですから、妄想・動機・気合・気迫・行動のついでに習慣を加えていただければいいと思います。

保江 なるほど、おっしゃるとおりですね。

茶坊主さんもご存じの、横浜の中医学スクールを経営していた渡辺知里さんが、僕の講座の内容をYouTubeで紹介してくれたことがあるのです。いろいろ語る中で、「妄想の効用」

についてもお話ししました。

実は、僕の人生は妄想を抜きにしては語れません。全ての難局を妄想で乗り切ってきたのです。例えば、高校受験を控えた中学3年生の頃の話です。僕は本家の跡取り息子だったので、親父や祖母には、「お前は何としても岡山朝日高校に行け」と口うるさくいわれたものです。

岡山朝日高は、昔の旧制一中で岡山県下ではナンバーワンの県立高校です。県内の優秀な子ばかりが集まってくるエリート校ですから、下から数えたほうが早い僕の成績では、合格するわけがありません。

「中学浪人すれば、ひょっとして行けるかもしれないな」なんて、進路指導の先生がいうほどでした。いまさら猛勉強を始めたところで、時すでに遅しです。

「じゃあ、どうすればいい」と考えて始めたのが、妄想だったのです。

入学試験が3月初旬くらいだったように思いますから、その2ヶ月ぐらい前の正月明けぐらいから、ひたすら妄想をしていました。受験勉強なんて、どこ吹く風ですよ。

当時の朝日高の生徒は、角帽を被っていました。上が平たくて四角い帽子ですね。県内で角帽を被る高校生といえば、朝日高のエリートだとすぐにわかるのです。みんなの憧れの的でした。

そこで僕は、角帽を被り岡山市内の繁華街を歩く自分の姿を思い浮かべ、そこへ女子高生がわっと群がってくる場面を寝しなに妄想したのです。受験日の前日まで毎晩ですよ。

当時、朝日高の受験科目はなぜか7教科ありました。その中には美術が含まれます。美術の試験は、立体的なオブジェをモデルにデッサンするというものでした。

自慢するわけじゃないけれど、絵だけは得意だったので、僕はこのときとばかり、デッサン用の鉛筆を握りしめ、必死に描き上げました。我ながら、素晴らしい出来栄えでしたね。

期待と不安が入り混じる中、僕の渾身の作品がものをいい、岡山朝日高に見事合格しました。美術の先生が、僕の合格を特にプッシュしてくれた、とあとで聞きました。美術以外の試験の結果は散々だったのにね。

校長面接での印象も良かったようです。10人1グループで、校長の前で発言させられたのですが、このとき、僕は「○○○○○○○○○○○○○○」と、他の受験生が絶対にいわないようなことをいったのです。これも妄想で準備万端整えていたので、難なくパスしたようでした。

でも、合格したはいいけれど、なにせ県内の優秀な生徒ばかりでしたから、僕の成績はいつも振るわず、高校3年生までの僕は、400人中380番辺りをうろうろしていました。

それでも、父と祖母の高望みは中学時代と全く変わりません。

「朝日高校に合格したんだ。大学は東大か慶応大の法科を目指せ！」と。

高校の先生は、僕の成績を知っているだけに、正確な判断を下します。

「お前の成績では一流大学は無理だ。1年浪人して、地方の国立大に滑り込めれば御の字だろう」


僕は、少年時代からUFOと宇宙人に興味を持っていたこともあって、天文学科に行こうと急に思い立ちました。調べたところ、天文学科は東大と東北大にしかありません。東大はさすがに難しいだろうと、東北大に的を絞りました。

ところが、当時は安保闘争の真っただ中です。東大紛争で勃発した安田講堂攻防戦のあおりを受け、東大は前代未聞の入試中止に追い込まれました。正確にいうと、入試を受けられなかったのは1学年上の高校生で、僕は次の年の受験生でした。

前年に東大を受験できなかった先輩たちは浪人して、僕らと一緒に受験するわけです。だから、優秀な奴が倍増していて天文学部は、東北大でもすごい倍率になることは目に見えていました。

進路指導の先生は厳しい状況を知っているから、

「お前は無理だ。東北大は諦めろ」と、内申書も書いてくれません。

それでも、僕は諦めませんでした。「よし、それならば」と思って、再び妄想に熱中したのです。東北大の天文学科で、UFOと宇宙人の研究に打ち込む自分の姿を毎晩妄想していると、不思議なことに先生も折れて、内申書を書いてくれたのです。

「どうせ一人1枚は書かなきゃいけないから、これを東北大に提出しろ。無駄に終わるだろうがな……」と渋々ながら。

東北大に内申書を提出し、気合が入ったのはよかったのですが、今度は東北大の入試も危機に直面したのです。

前年に東大入試を中止に追い込んだ全共闘の連中が、次は東北大をターゲットにしたことの影響で、入試会場に大学のキャンパスは使えず、宮城県内の公立高校の教室を借り、分散して入試を行うという異例の事態に発展しました。

僕ら理学部系の受験生の試験会場は、塩釜女子高等学校（現・塩釜高校）でした。全共闘に突っ込まれたら試験が中止になるから、すでに、機動隊が囲んでいて、ものものしい雰囲気の中、僕をはじめ少数の受験生が、そこで試験を受けました。

本来は2日間、朝から夕方まで試験をやるはずだったのですが、その間に突入されたらアウトでしょう。機動隊側も1日3時間の警備が限界だというので、2日間とも午前中3時間だけの試験でした。理学部ですから、英語・国語・数学・物理・化学の5教科です。

初日は英語・国語・数学で、2日目が物理と化学でした。試験時間が大幅に短縮されたので、1教科あたりたったの3問です。

しかも、どの問題も教科書に載っている程度のレベルです。難問なんか出したら解くのに時間がかかってしまい、襲撃のリスクが高まるからですね。

僕は全問正解で、見事に合格を勝ち取りました。超ラッキーでしたね。全共闘が暴れてくれたおかげです。僕の妄想力が、東北大をやっつけようという彼らの闘争心をかき立てたのかもしれません(笑)。

でも、晴れて東北大に入ったはいいけれど、今度は大学紛争のストで授業がありません。最初の2年間は教養部に在籍したのですが、仕方がないので夕方5時頃に出かけ、合気道部の稽古で汗を流して酒を飲む、ということを毎日繰り返しました。

3年に上がると、天文学科、物理学科、応用物理学科、地球物理学科の各コースに分かれます。物理系の学生はみんな天文学科を狙っていたのですが、その枠はわずか五人で、教授二人、助教授二人、助手二人と、指導陣のほうが多いくらいでした。

選考は成績順で決まるので、つまり、教養部の物理系二百数十人の中から、トップ5に入らないと希望は叶いません。当然、僕なんか「お呼びでない」わけです。

ところが、学生紛争が長引き、全共闘系の学生によってキャンパスが占拠される状況が続いたために、教養部全員の単位が足りないという異常事態に陥ったのです。

これでは誰一人3年生に進級できなくなり、国立大学始まって以来の不祥事になってしまう。それで、当時の文部省の英断で、2年生最後の期末考査だけは行うことになったのです。またしても機動隊に守られながら。

学長と教養部長が、

「とにかく期末考査を受け、学籍番号と氏名だけを回答用紙に記入すれば単位は出しましょう」と、おいしい話をアナウンスしたのですが、それでも、大半は学生運動側に付いて反発しましたね。

結局、期末考査を受けたのは、ノンポリの日和見《ひよりみ》学生だけです。機動隊に守られて試験会場に向かう学生に向かって、「裏切り者!」「日和見!」と、ゲバ学生が力いっぱい罵声を浴びせます。

僕も強烈な悪罵を背中に浴びながら会場に入り、学籍番号と氏名を記入しました。それで単位を取得したわけです。

「いま単位をもらっておかないと、もう大学を卒業できないだろうな」と危機感を抱いていましたから。

教養部2年生の物理系二百数十人のうち、日和って3年に進級したのが3割です。その中で天文学科の志望者は、ちょうど五人でした。だから、僕も滑り込みセーフで憧れの天文学科に進めたのです。普通なら、絶対にあり得ません。これも、妄想力の成果です。

さて、ピカピカの五人が念願の天文学科に入ると、教授陣を前に一人ずつ自己紹介させられました。そこで、僕は、

「昔からの夢であった宇宙人とUFOの研究をしたいと思います」と高らかに宣言したのです。すると、会場は静寂に包まれました。意表を突く僕の抱負に、教授たちは感心したのかな、と悦に入ったときでした。

「バッカも～ん、大学でそんな研究ができるわけがないだろ！」と、いきなり雷を落とされたのです。

素直に謝ればいいものを、僕は、

「天文学科で宇宙人とUFOの研究ができないなら、どこへ行けば研究できるんですか？」

と火に油を注いでしまいました。これで宇宙人・UFO研究はお預けとなり、それからは卒業するためだけに通うという、不毛の2年間を過ごすしかありませんでした。

他の学生が興味を示す星の構造なんて、バカバカしくて勉強する気にもなりません。

結局、最後はアインシュタインの一般相対性理論をこねくり回して卒業論文は書いたものの、このまま社会に出て勤め人になるのは無理だろうなと自覚しました。

それで、大学院へ行こうと決心したのです。

天文学科の3年、4年は、午後の2時頃までは物理学科の講義を聴き、そのあと、物理学科の学生は実験をやりますが、僕らは天文学科に戻って天文学の講義を聴くわけです。夜は、星の観測に時間を費やします。

僕は、物理実験以外の物理の授業を、ほぼ全て受けました。だから、大学院で物理学を専攻する資格はあったのです。

ただし、実験を経験していないから理論物理学しかない。理論物理といえば、ノーベル物理学賞を獲った湯川秀樹先生と朝永振一郎先生の出身校である京都大学が日本一でした。

それで、京大の大学院を受験したのです。湯川・朝永両先生の影響が大きく、理論物理に関しては東大よりも京大が上でしたから、全国の大学で理論物理を勉強した学生が、京大大学院を目指していました。

もちろん、京大の学生も大学院を狙うわけですから、すごい倍率ですよ。

入試初日の筆記試験なんか、ちんぷんかんぷんで、全問、解けずに完全お手上げ状態でした。答えたくても、問題の意味がわからない。

全科目がほぼ全滅の惨憺《さんたん》たる結果に終わりました。

翌日は面接試験で、会場には、有名な教授たちが一堂に会しています。当然、僕の筆記試験の結果をみんな知っているので、僕が恐る恐る席に座ると、教授連の射るような視線が向けられました。

「君は、どうしてうちの大学院を受けたの？」

「昨日の問題、何一つ解けていないじゃないか」

一身に矢を浴び、たじたじになりながらも、僕の視線は教授たちの机に載っている名札を一つひとつチェックしていました。

「ああ、噂に聞いていたあの先生がこの人か」という感じで、意外に冷静だったのでしょう。

その中に、初めて見る助教授がいたのです。「こんな名前、聞いたことないな」と思って観察していると、この先生は一言も発言しません。

きっと助教授になりたてで知名度もなかったのでしょう。学生にも不人気な様子がありありと窺《うかが》えました。

面接試験では、ちょうど最後の一矢が放たれたところでした。

「最後に一つだけ質問しましょう。一応聞くだけ聞いておくけれど、君がもし合格したら、どの研究室を希望しますか?」

他の学生は例外なく有名な教授の名前を挙げるのですが、僕は、「○○先生の下で研究させていただきたいです」と、その無名助教授の名を叫んだのです。

すると、一瞬の沈黙を経て、教授たちがざわざわし始めました。指名された当の本人が、「えっ」て顔をしていました。きっと居眠りでもしていたように思えたその助教授は、ようやく口を開きました。

「君はなぜ、僕のところに来たいと思ったのかね？」

「はい、僕は先生のご指導の下で研究したいと、かねがね考えていました」

ここまできたら、破れかぶれの一手、助教授の実績など知らなくても、口から出まかせで包囲網を突破するしかありませんでした。


その1週間後、京大へ合格発表を見に行って、僕は自分の名前を見つけたのです。入学して、研究室に入って聞いたところによると、予想どおり、その助教授が学生に指名されたのは初めてだったそうです。

「君の成績はたしかにひどかったけれど、私の研究室に来たいといってくれた。だから選考会議で、私は、『この学生は、僕がどうしても育てたいと思います』と体を張って、教授たちを説得したんだ」


助教授の熱い情熱には深く感謝したのですが、いざ蓋を開けてみると、その研究室は全然面白くありませんでした。重箱の隅をつつくような計算ばかりさせられるのです。

そのうちに僕の我慢が臨界点に達し、とうとう文句が口をついて出ました。

「先生、もうこんなことはしたくありません。僕はアインシュタインや湯川先生のような、すごい理論を考え出したいのです」

結局、その助教授との関係は悪化してしまいました。湯川先生はすでに車椅子生活で大学には来られない状態だったし、このまま京大に残っても仕方ないと思うようになったのです。調べてみたら、名古屋大学に湯川先生のお友達の高林武彦先生がいることがわかりました。「もう、この先生しかいない」と思いましたね。

名古屋に行って好きなテーマを自由闊達に研究し、アインシュタインや湯川先生を超えるような新しい理論を発見してノーベル物理学賞を受賞、ストックホルムの授賞式に出席する晴れ姿を、その晩から妄想し始めました。

妄想の内容は、具体的であればあるほどいいですね。

幸いなことに、名古屋大学の大学院は他校からの途中編入を受け入れてくれる、国内では数少ない大学院でした。

ちょうどその頃、他の大学院で理論物理の修士号を取得した学生を一人、募集していたのです。その「一人枠」を狙い、名大大学院の面接と口頭試問を受けに行ったら、すでに十数人の受験生が来ていました。

いずれも修士課程までしかない、国私立大の大学院で修士号を取った連中です。僕が京大からやって来たことに気づくと、全員が僕を睨《にら》みつけ、中には、露骨に文句をいう者もいました。

「どうして京大の博士課程に進まないんだ。君は、この編入試験に落ちても京大に戻れるからいいが、俺たちはここを落ちたら、博士号を諦めるしかないんだぞ。俺たちに嫌がらせをしに来たのか」と。

茶坊主　すごい修羅場ですね。

保江　全員が僕に、「いますぐ京都へ帰ってくれ」というわけです。

でも僕だって、背水の陣で名古屋に乗り込んできたのです。京大に戻ってあのくだらない研究を続けるなんて真っ平ご免でしたし、もう心を鬼にして、編入試験に臨みましたよ。機動隊に守られ、全共闘に罵倒されながら受けた東北大の期末考査を思い出しました。

勇んで試験会場に臨んだものの、京大大学院の成績はパッとしないわけですよ。指導教官との関係も悪かったし。

でも、東北大の天文学科出身であることが履歴書に書いてあったことが、思わぬ功を奏したのです。名古屋大学の助手に東北大の物理学科の出身者がいて、東北大学では教養部の物理系二百数十人の中のトップ5しか天文学科に入れないことを知っていたのです。

茶坊主　なるほど、天文学科に進学できたときの話ですね。

保江　その人は、僕が異常事態で天文学科に進んだことなんて知るわけがない。だから、僕はその人の目には超秀才に映ったのでしょう。

「この学生は東北大の天文学科を出て、次は京大で理論物理を学んだ極めて優秀な人間です。これは、我が名古屋大学大学院が絶対に取るべき逸材です」と、選考会議で熱弁してくれたらしいのです。僕が超狭き門をくぐり、名古屋で博士号を取れたのは、この人のおかげです。

高校、大学、大学院で起こった出来事はあり得ないことばかりです。全て妄想が生み出した結果だと確信しています。僕は受験勉強なんてほとんどしないで、毎晩、妄想にふけっていたのです。

継続的な妄想力がなければ、高次元世界からのヘルプは望めなかったと思いますよ。

今日、茶坊主さんの妄想のお話を聞いて、半世紀前の僕に起こった数々の奇跡をまざまざと思い出しました。

茶坊主　強烈な妄想だったのですね。

ちなみに、いまでも妄想は続けていらっしゃいますか。

保江　もちろん、僕から妄想を取ったら何も残りません（笑）。

妄想していると、本当に現実になるのですよ。妄想の中で作った世界に住めるのです。先述の、渡辺知里さんとのネット番組でも、妄想の重要性を強調しました。皆さんも、「妄想族」を目指してくださいと。

ただ、妄想の訓練で注意していただきたいのは、必ず自分の前向きな姿・晴れがましい姿を思い浮かべることです。決して、後ろ向きの暗い姿を妄想してはいけません。

例えば、あいつに自分の小説を盗用された、自分は「闇の人物」にいつも監視されている、などと自らを魔道へ追い詰める妄想に取り憑かれた挙げ句、犯罪史に残るような凶悪犯罪を引き起こしたという例もあります。

これは一種の妄想性障害であり、自他を不幸にする大変危険な妄想です。

ですから、「負の妄想」はすぐに断ち切ることがとても重要です。

茶坊主　そうですね。常に正しい方向に向かって妄想するべきだと思います。
私も保江先生と同じ、妄想族の一人です。いつも妄想して勝手な世界を作ってニヤニヤしています。妄想族って私ぐらいしかいないのかなと思っていたのですが、保江先生のお話を聞いてびっくりしました。

保江　やっぱりね。僕らは妄想族仲間ですよ。

茶坊主　私に実現不可能な話を持ちかけられたとしても、「たぶん大丈夫だろう」と思うのは、妄想の世界では実現できる内容だからです。妄想すれば実現できないことはないという確信があります。

保江　そうですよ。妄想は世界を救います。妄想が新しい世界を作るんです。

茶坊主　妄想するだけなら、誰にも迷惑をかけませんし、外のエネルギーを使うこともなく、省エネでもあると思うんです。

保江　そうそう。例えば、世界平和を祈るとかいいますけれど、それだけではまだまだ弱い。バイデンとプーチンが和解して握手している情景とか、イスラエルとハマスが仲直りして一緒にお祭りをするとか、より具体的な世界平和を妄想しなくてはいけません。そうすれば実現すると思いますね。

茶坊主　一人の妄想を誰かがキャッチすれば、「自分もそれならできる」と連鎖反応が起こります。だから、私が妄想すれば、不特定多数の人が同じことを妄想することになります。

スティーブ・ジョブズ氏の妄想がiPhoneを生み出し瞬く間に世界へ広がって、類似スマホが次々に登場したように。

「求めよ、さらば与えられん。探せよ、さらば見つからん。叩けよ、さらば開かれん」みたいに、「思えよ、さらば思われん」といった感じになるのでしょう。

世の中には聖なるオタクの妄想を実現するツールに溢れている

保江　ジョブズ氏も典型的なオタクでしたね。

そのiPhoneで思い出したのですが、ハリウッドには撮影にiPhoneしか使わない映画監督もいるらしいですよ。

茶坊主　いますね。

保江　それを聞いてびっくりしましたが、製作費は格段に下がるし、映像のクオリティも一般的な撮影機材で撮ったものに比べて全く遜色《そんしょく》がないそうです。

茶坊主　そうらしいですね。日本のテレビドラマでも、iPhone で撮影する監督がいるようです。

保江　やっぱり。

茶坊主　ドラマの関係者がお見えになることがあるのですが、「あのシーンは全て iPhone で撮りました。編集も楽ですよ」と裏話を教えてくださいました。驚きましたね。３台の撮影カメラを準備して１台が壊れた場合などに、iPhone で仮撮りするそうです。

保江　カメラの性能がいいのでしょう。

僕の知り合いのカメラマンの場合、iPhone はサブ用で、主に使うのはソニーの一眼レフカメラだそうです。

ソニー製品がいちばん優れものだそうですが、弱点が一つある。ソニーの一眼レフを動画用に使うとボディに熱がこもって強制的に電源がオフになるようで、4時間が限界という。

ところが、iPhoneは絶対に止まらない。そのカメラマンはいまではソニーのカメラを使わず、iPhoneを2台並べて撮影しています。

僕はいまでもカメラ機能付きのガラケーを使っているのですが、それを聞いて、iPhoneを1台買って、主にカメラとして使用したいと思うようになりました。だから、通信用のSIMカードは入れません。

iPhoneや他のスマホ、インターネットと、いまの世の中には妄想を実現するための小道具が溢《あふ》れています。だから、聖なるオタクたちが妄想すると、僕らのレベルよりもずっと早く現実化できるのだと思います。

茶坊主　ビル・ゲイツ氏はずば抜けて頭が良かったせいで、よくいじめにあっていたそうです。心を許せる友達が誰もいなかったので、一人で妄想したりプログラムを開発したりしていましたが、そのうちに同じオーラ同士、同じレベル同士の仲間にめぐり会い、グループを結成したという。現代版みにくいアヒルの子ですね。

小さい頃からの妄想や夢の世界が現在のマイクロソフトになり、世界規模になったわけですね。

保江 やっぱり、妄想が世界を救ったんだ。

「瞑想より妄想を」

茶坊主 ときどき、「うまく瞑想できるようになりたい」と質問されることがありますが、「妄想してから瞑想したほうが効果がありますよ」とお答えするようにしています。

保江 あっ、そのフレーズ、いけますね。『瞑想より妄想を』。

茶坊主 実は瞑想は、オーラのバイブレーションの上昇に過ぎないのです。

つまり、自分の肉体のオーラや精神のオーラなどの振動数を上げて幽体離脱や解脱を行い、ハイヤーセルフやそれ以上の存在、エネルギーなどとコンタクトしているに過ぎません。

コンタクトしたから何か始まるわけでもなく、あくまでもこの次元のこの世界の、いまこの瞬間にいる自分自身がどうしたいかがいちばん大切なのです。

だから、瞑想するよりも良い妄想をするほうが、みんなのオーラが明るくなっていくのがわかりますし、みんなが良い妄想をたくさんすればするほど、相乗効果でますます明るくなるのは自然の流れだと思います。基本的には、楽しい妄想をすればオーラが明るくなります。

ただし、ネガティブな気分のときや肉体、または感情体のオーラが低調なときに瞑想、妄想すると、ネガティブなオーラが拡張、または増幅するのであまりお勧めできません。

こういったときは、睡眠をたっぷりとったほうが効果的です。上級者であればネガティブオーラをポジティブに自己ヒーリング、またはアチューメントといって調整できますが、なかなか難しいので睡眠をとるほうが簡単でおすすめです。

私が以前に教えていた瞑想会では、

「呼吸を楽にしてうつらうつらする程度でいいです。勝手なことが次々に浮かんできても気にしないでください。心配ありませんので」と指導しました。

そんな感じで瞑想に入ったほうが、オーラがきれいにふわっと上昇します。

楽しいことを考えて、浅い眠りに引き込まれるくらいにすると頭の中にいろいろ浮かんでくるので、それを追いかけるといいですね。お花畑で蝶を追いかけるような感じです。

そうするとオーラがパッと変わり、ふっと上昇します。

保江　瞑想より妄想ですよ、絶対。

茶坊主　たしかに、ある程度瞑想ができるようになればかなり高い次元に到達できますが、そこまで行けるのなら、楽しい妄想のほうがもっともっと突き抜けるはずです。

瞑想を突き抜ける楽しさって、不可能が可能になることですから。

瞑想でも、不可能を可能にできなくもないのですが、ショートカットで行けばいいと思います。登山家には叱られるかもしれませんが、富士山のてっぺんまで一気にロープウェイで登るようなものでしょう。富士山の頂上にいる楽しさをただ、素直に味わえばいいわけです。

苦しい思いをして富士山に登って、「ああ、もう二度と登りたくない」と思うくらいなら、ロープウェイで上り下りしたほうが絶対にいいと思います。

楽しいほうがオーラが明るくなるし、未来も明るくなるわけですから。

明るい未来は苦行の先にあるのではなく、楽しさの先、妄想の先にあるのが望ましいと思います。

保江　その話で思い出しました。

以前、スイスでのある日、電車で日本人とおぼしき青年とたまたま乗り合わせました。登山目的だったのでしょう。大きなリュックサックを背負って、ピッケルやザイルを腰にぶら下げています。顔は日焼けで真っ黒です。

目が合うと、青年は僕の隣に座り、

「この電車は○○○へ行きますか?」と日本語で話しかけてきたので、しばらく会話を交わしました。

「スイスへは、登山で？」

「はい、昨日はマッターホルンに登りました。マッターホルンを制覇できて、本当によかった。明日はモンブランを目指します」

マッターホルンに登ったのが、よほど嬉しかったのでしょう。青年はとても興奮していました。登山家というのは、目標としてきた山の頂上に立つとハイテンションになるのだろうなと想像したものです。

マッターホルンといえば、スイスとイタリアの国境にそびえる標高4477メートルの名峰です。峻険な山で知られ、過去には登山家が何人も墜落死しています。

驚いたことに、この青年がマッターホルンの頂上から日本のお母さんに携帯で電話したところ、ちゃんと通じたそうです。

「母ちゃん、俺はいまマッターホルンの頂上にいるんだ！」

青年の話しぶりでは、世界中の登山家が憧れるマッターホルンに登ったことよりも、その頂上から日本のお母さんに電話できたことのほうが嬉しかったようでした。

ヨーロッパの名山のてっぺんから日本に電話するなどということは、昔なら妄想することすらできなかったでしょう。

僕らは初対面で意気投合し、その後、ジュネーブで一緒に酒を飲みました。日本に帰国してからもときどき会い、先日も大井町で飲んでいたのです。

彼はアマチュア登山家で、仕事をしながら世界各地のすごい山々を登ってきた男です。

茶坊主　普通に考えれば、そんな場所でお母さんの声が聞けるわけがないですよね。

保江　久しぶりに、ジュネーブ時代を思い出しました。昔の人間では妄想、想像さえできないことが、現代では次々に実現しています。次元が上がっているのですね。

茶坊主　いまではスマホでテレビ電話ができるし、Zoom もありますからね。本当に隔世の感があります。

少し前までの Skype は若干使いにくくて大変でしたけれど、Zoom になって普通に会話できるようになりました。

スマホのテレビ電話は、通信状態もいいし簡単ですね。

保江　新幹線で走りながらでも通話できるでしょう。

茶坊主　すごい技術ですよね。

開発者は、きっと高次元世界の神様ですね。

保江　やっぱりね。

そういえば、通説ですが、世界で初めてＩＣチップを開発したのは「モトローラの島さん」という日本人であるといわれています。でも、どこを探しても、島という名のエンジニアはいなかったし、そんな偉業を成し遂げた日本人の情報は、世界にも知られていません。

ところが、この業界では当たり前の話。それってどこか、『マトリックス』に登場するエージェント・スミスに似ていますよね。

要するに、「ＩＣチップを発明したのは誰だ？」と騒ぎ出したとき、当時の日本は世界に誇れる技術大国だったから、「日本人の島という人間の功績だ」とでもいっておけば、みんなが納得すると考えたのかもしれない。

いや、ひょっとしたら、どこかに墜落したＵＦＯの残骸から発見されたものをもとに、開発された技術だったという可能性もあります。

でも、そんなことを公表するわけにはいかないから、「島さんが作った」としておこう、となったのだろうと僕は睨んでいるのです。

たとえ、島さんが実在の人物だとしても、きっと神様か宇宙人でしょう。

茶坊主　そうですね。降りてきたのかもしれません。『マトリックス』でいえば、創造主ですね。

保江　そうなんですよ。地球には、高次元世界からの助けがいつも届いているのです。許容される範囲の介入でね。

日本にはもちろん、世界のすごい発明者や科学者、それにオタク・エンジニアの妄想・発想が入り込んでいるわけです。

高次元ヘルプがある限り、人類が悲観する必要はなく、地球には明るい未来が開けている。これが、茶坊主さんとの今回の対談で導き出された結論でしょう。

茶坊主　そのとおりですね。

明るい道が開けていますから、その道を迷いなく、歩み進んでいってよいと思います。

保江　茶坊主さんとお話ができたおかげで、素晴らしく明るい気持ちで、晴れ晴れとしました。ありがとうございました。

茶坊主　こちらこそ、保江先生とお話ができて本当に嬉しく、誇らしいです。

ありがとうございました。

あとがき

最後までお読みいただきまして、ありがとうございました。

対談が本になるのは夢のような話で、ましてや保江邦夫先生との対談なんて天にも昇るような思いとはまさにこのこと、と祈るような思いで編集のお手伝いもさせていただきました。亡き父、先輩や恩人へのよい報告ができました。


しかし、大変なことが起こってしまいました。自分で話したことを説明するのにこれほど困難であり、文字にするとさらに苦労を要することになるなんて夢にも思いませんでした。

敬愛するシルバーバーチの霊訓集などで著名な近藤千雄先生でも、一行生み出すのに何ヶ月もかかったというご苦労が書かれていましたが、まさに生みの苦しみといったもので比較するのも恐縮ですが、私も洗礼を受けたような思いでいっぱいでした。

ただ残念ながら、浅学非才ゆえになかなか進まず、何度も守護霊たちが支え応援してくれたことが、とてもありがたかったです。

麻布の茶坊主

小生が話した箇所、またはのちに加筆訂正したところはコードが各所に入っております。コードとは、守護霊たちからのメッセージが込められている暗号のようなものです。

小生がのろのろとしているので、みかねた守護霊たちが自動書記のように小生の指を使い自動タイピングで書かせたものが各所にあります。

読者皆様方はどの辺りにコードが入っているか、いないかを再度読み返していただくといろいろな発見があると思われますので、ぜひ一度お試しください。

知識は責任を伴う、といいます。

「自分が知りえた知識は自分だけのものにしてはいけない」

守護霊たちがよく話していました。昔は口伝といって一子相伝でしたが、これだとどうしても依存が始まります。

依存することなくされることなく、知識を継承するのはとても難しいことです。

こうして書にして残すということはたいへんな責任を伴うことでもあり、その重圧に何度も心が折れそうになりましたが、たくさんの方々に巡り合い、応援していただいたことでなんとかたどり着くことができました。つくづく、人様に恵まれた本当にしあわせものであると自負しております。

過去世を振り返り、これほどまでに人様に恵まれた人生はなかったなと思っております。一度でいいから、私より幸せな方を見てみたいものです。

さいごに、このような特別なご機会をくださった、本当にいつも良くしてくださる保江先生、さりげないアドバイスが寝られないほど恐ろしい重さと力のある明窓出版の麻生社長、何度も編集を手伝ってくださった忍耐強いご担当者皆様、ご関係者皆様に重ねて厚く御礼申し上げます。

皆様と出会えていなければここでこうして小生がいることはなかったでしょう。

出会いは別れのはじまりですが、別れは出会いのはじまりです。また読者皆様とどこかでお会いできる日が来たらと思います。

不肖の僅かながらの知識経験ではありますが、本書が、読者皆様にこれから始まる新しい霊性の開花、真理の夜明けへの一筋になることを願って止みません。

ヒロシ・F・ナカムラ　（麻布の茶坊主）

守護霊団《しゅごれいだん》が導《みちび》く日本《にほん》の夜明《よあ》け
予言者《よげんしゃ》が伝《つた》える　この銀河《ぎんが》を動《うご》かすもの

保江邦夫《やすえくにお》　麻布《あざぶ》の茶坊主《ちゃぼうず》

明窓出版

令和六年 六月二十日　初刷発行

発行者——麻生 真澄
発行所——明窓出版株式会社
〒一六四—〇〇一二
東京都中野区本町六—二七—一三

印刷所——中央精版印刷株式会社

ISBN978-4-89634-478-3

保江邦夫（Kunio Yasue）

岡山県生まれ。理学博士。専門は理論物理学・量子力学・脳科学。ノートルダム清心女子大学名誉教授。湯川秀樹博士による素領域理論の継承者であり、量子脳理論の治部・保江アプローチ（英:Quantum Brain Dynamics）の開拓者。少林寺拳法武道専門学校元講師。冠光寺眞法・冠光寺流柔術創師・主宰。大東流合気武術宗範佐川幸義先生直門。特徴的な文体を持ち、100冊以上の著書を上梓。

著書に『祈りが護る國　日の本の防人がアラヒトガミを助く』『祈りが護る國　アラヒトガミの願いはひとつ』、『祈りが護る國　アラヒトガミの霊力をふたたび』、『人生がまるっと上手くいく英雄の法則』、『浅川嘉富・保江邦夫 令和弐年天命会談 金龍様最後の御神託と宇宙艦隊司令官アシュターの緊急指令』（浅川嘉富氏との共著）、『薬もサプリも、もう要らない! 最強免疫力の愛情ホルモン「オキシトシン」は自分で増やせる!!』（高橋徳氏との共著）、『胎内記憶と量子脳理論でわかった! 「光のベール」をまとった天才児をつくる たった一つの美習慣』（池川 明氏との共著）、『完訳 カタカムナ』（天野成美著・保江邦夫監修）、『マジカルヒプノティスト スプーンはなぜ曲がるのか？ 』（Birdie氏との共著）、『宇宙を味方につけるこころの神秘と量子のちから』（はせくらみゆき氏との共著）、『ここまでわかった催眠の世界』（萩原優氏との共著）、『神さまにゾッコン愛される夢中人の教え』（山崎拓巳氏との共著）、『歓びの今を生きる 医学、物理学、霊学から観た 魂の来しかた行くすえ』（矢作直樹氏、はせくらみゆき氏との共著）、『人間と「空間」をつなぐ透明ないのち　人生を自在にあやつれる唯心論物理学入門』、『こんなにもあった!　医師が本音で探したがん治療　末期がんから生還した物理学者に聞くサバイバルの秘訣』（小林正学氏との共著）、『令和のエイリアン　公共電波に載せられないUFO・宇宙人ディスクロージャー』（高野誠鮮氏との共著）、『業捨は空海の癒やし　法力による奇跡の治癒』（神原徹成氏との共著）、『極上の人生を生き抜くには』（矢追純一氏との共著）、『愛と歓喜の数式　「量子モナド理論」は完全調和への道』（はせくらみゆき氏との共著）、『シリウス宇宙連合アシュター司令官vs.保江邦夫緊急指令対談』（江國まゆ氏との共著）、『時空を操るマジシャンたち　超能力と魔術の世界はひとつなのか 理論物理学者保江邦夫博士の検証』（響仁氏、Birdie氏との共著）、『愛が寄り添う宇宙の統合理論 これからの人生が輝く!　9つの囚われからの解放』（川崎愛氏との共著）、『シュレーディンガーの猫を正しく知ればこの宇宙はきみのもの　上下』（さとうみつろう氏との共著）、『Let it be. シスターの愛言葉』（すべて明窓出版）など、多数がある。

麻布の茶坊主
（ヒロシ・F・ナカムラ　Hiroshi Francesco Nakamura）

不動産･人事･リスク･医療コンサルタント
ブリッジ･コネクター　アジャストアドバイザー
ジェネレイトコンサルティング　代表
大学卒業後独学で酒類知識を深め、大手酒類メーカー系列会社に勤務。独立のため退職後、麻布十番にて喫茶店を経営。同時に飲食･独立コンサルティングを開始。
コンサルティング業務が急成長したため飲食店を閉店。業態変更し現在に至る。高祖父母から死者と話ができる家系で育ち、幼少の頃から見えない世界との対話に悩まされるが、多読により独自の世界観を構築。対面相談者数は4万人、飲食業勤務期間中のお客様との出会いは27万人を超える。中小企業のコンサルティングにおいては1万社以上。業務は費用対効果を徹底している。職業柄相談内容は多岐にわたる。経済界、政界、財界、官界、学会、法曹界、芸能界、業界、宇宙界など幅広くジャンルは問わないが、汚れたお金とビジネスは受けない。当初は紹介制のみで霊的相談を業務の空いている時間帯に行っていたが、保江邦夫先生との出会いにより事態は急変。世界各地から相談者が訪れる事態に。南半球では最南端チリ、南アフリカから、北半球最北端では北欧、アラスカからと以前はSkypeを使用していたが現在は海外･遠方地顧客はZOOMを使用。対面相談、各地出張など早期解決のため日夜努力を続けている。
東京在住。来世はフィレンツェ在住渇望。

【敬愛する先生】保江邦夫先生　橘玲先生　神田昌典先生　佐藤優先生　近藤千雄先生

【好きな言葉】ま、いっか　気が合えば気が合うまで　それなりの原因はそれなりの結果に

【座右の銘】報怨以徳　清濁併せ呑む

【生き方の指標】我以外すべて師なり　人間万事塞翁が馬

【好きな場所】秋葉原　文教堂書店　ブックオフ　国会図書館　紀伊國屋書店　三省堂書店　家　高野山

【趣味】パソコン全般　ビル建築見学　保険市場全般　アニメ　マンガ　調査全般　未来妄想

【ミッション】もとの場所にもどすこと　あらゆるものをつなぎその差を縮めること